趙君影

講道集

第一卷

Calvin Chao

Collected Sermons

Volume I

Published by Calvin Chao Press
www.CalvinChaoPress.com
An Imprint of Chinese for Christ, Inc.
A Publication from the Archives of
Chinese for Christ Calvin Chao Theological Seminary
Edited by Rosemary Yen, May Hou, John Schulte, Cheryl Ann Wong

編者的話

謝謝您對趙君影牧師講道集感興趣，將神的話語帶到中國和世界各地是他一生的工作。

這些講章和信息的都是由趙牧師 70 多年來在世界各地講道時所揀選出來的，講章含括趙牧師在培靈會、教會主日講壇及對基督教領袖們廣播、演講等的記錄。這些信息也經常刊登在通訊，小冊子，報紙，書籍和雜誌上。

講道集是按講道的時間順序來排列，方便讀者閱讀，理解和學習，盡量的保持及呈現當時的風貌。講道的信息所反映的語氣都與當時的歷史環境息息相關。正如趙博士所寫："必須認識到教會和政治是一個連續性的歷史過程"。記住，重要的是所講的道與歷史和政治上發生的事情是互相共鳴的。

我們祈禱，經由趙君影牧師一生的工作，你能收到耶穌基督的信息。

Published under the leadership of
Andrew Chao
Chairman, Chinese for Christ, Inc.
&
Dr. Sophie Chao Wong
President & CEO, Chinese for Christ, Inc.

Dedication

Rosemary Yen
who has worked at Chinese for Christ, Inc. since the days of Drs. Calvin & Faith Chao
&
May Hou
who has worked at Chinese for Christ, Inc. since 1996

目錄

The Conditions of The Holy Spirit
聖靈充滿的七個條件
Circa 1949

一、榮耀基督

二、倒空一切

三、完全奉獻

四、信心的接受

五、聖靈充滿後在信徒身上的工作

六、聖靈充滿後在教會的工作

七、怎樣叫作聖靈充滿

聖靈充滿的第一條件
榮耀基督

現在的時代太不好了，教會的情形亦然，許多信徒冷淡，軟弱，膚淺，……本來不容我們如此說。我們必須奮興，振作，彼此相愛，切實行道……但如何能實現呢？只有一個辦法可得，就是被聖靈充滿，這是教會今日唯一的出路。我們當思想，祈禱，為教會的前途，為福音的興旺，我們要清楚認識此點。我們非有五旬節的奮興不可。

但，如何可得聖靈的充滿？許多時我們祈禱不能，羨慕不得，追求，等於幻想。為何不得？並不是上帝不喜歡我們得，也並不是祈禱不夠誠懇，何以不能達到目的呢？是因不知道如何按著聖經的道理而求。聖靈充滿我們，是有條件的，其條件為何？

當榮耀耶穌，約翰十六章十四節說：“他（聖靈）要榮耀我”（耶穌）聖靈降臨的目的，是要榮耀耶穌。是主耶穌親口說的話。

我們看使徒行傳八章十四至廿四節的記載，可給我們一個很大的警惕。聖靈充滿一個人，有何目的？是要榮耀耶穌，所以一個追求聖靈充滿的人，必先思想到底存有什麼目的，聖靈不會充滿一個不榮耀耶穌的人。我們動機不正，必不能得著聖靈的充滿。反之，若是一個追求聖靈充滿的人，在他心的深處，動機是完全為著榮耀耶穌，未有不能達到成功的。

昔日彼得約翰在撒瑪利亞傳道，為那裡的領了洗的人禱告，要叫他們受聖靈，當其按手在他們頭上的時候，他們得就了聖靈。西門見使徒按手，便有聖靈賜下，覺得這件事真是好，如果我們亦能夠如此，確是發財的一個好機會，不如用些金錢買這個秘訣，豈不更好？就拿錢給使徒說，把這權柄也給我，叫我按手著誰，誰就可以受聖靈。

彼得怎樣答覆他呢？彼得說：你的銀子和你一同滅亡吧，因此想上帝的恩賜，是不可以用錢買的。你在這道上，無分無關，因為在上帝面前，你的心不正。這兩句話，是我今天所想講的！在神面前存心不正，存心不好，能得聖靈充滿麼？是永不能得的。聖靈來了，是為基督得榮耀，若我們存心為自己得利益，得了聖靈充滿之後，榮耀自己，則聖靈必不肯充滿這樣的人。

故想得聖靈充滿，首先要問你為什麼求聖靈充滿。許多人求聖靈充滿，是為自己；許多人求聖靈充滿，為要與他人比賽。

見別人得聖靈充滿，我也要得聖靈充滿，見他人作証聖靈充滿，如何如何，我亦想與他人一樣，他被聖靈充滿，我亦被聖靈充滿，如學校的學生，競爭積分，你得我亦得，你得多，我更得多。他們追求聖靈充滿，不是為耶穌，乃是為自己，為求勝心所驅使。“許多人傳福音，是為紛爭，”許多人求聖靈充滿，也是為紛爭。

聖經記載，巴拿巴是好人，是聖靈充滿的人，為主之愛所感動，他有田地，也賣了，把價銀拿來放在使徒腳前。這是榮耀主的事，很熱心，復興教會，這一消息傳出，頓時震動了整個教會，當中有二人——亞拿尼亞，同他的妻子撒非喇，他夫婦也想效法他們，賣了田產……拿來放在使徒腳前。為什麼他們如此呢？原因是見巴拿巴如此做，他們也想如此做，出出風頭，顯顯熱心。許多人在靈性追求也是如此。

我很感謝主，從小生在貧窮家庭，神屢次，試煉我；在我獻身傳道的時候，在經濟上常遇試煉。有些同工在上海生活得很好，很舒適，不同在內地同工，生活在痛苦困難之中，我就是在內地工作的，那位同工對我說：我很羨慕你們有此經驗，於是與我一同往內地佈道，不料時值內地飢荒，糧食缺乏，初時兩人同煲同煮，搶著去淘米，搶著去燒火，他說：請你這次讓我去做，等我得些經驗，可以做見証。不久，他回到上海來，在講道時講自己在內地如何如何吃苦，如何如何的冒險，繪影繪聲，應有盡有。這是為榮耀自己。許多人追求聖靈充滿，也是如這位同工，見人如此，他也想如此。見人追求聖靈充滿，他也想追求聖靈充滿，好使自己超過他人。但聖靈不是傻瓜，肯這樣充滿存心不正的人麼？

有些人為求自己的好處。見別人祈禱時認罪，認罪了，重擔脫下了，心中快樂了，早晨起來生活改變了，花草也改變了，罪惡不再纏繞，即遇貧窮痛苦……心中也充滿快樂。從前是憂愁痛苦，現在是快樂無極。別人聽見這消息，心甚羨慕說，我若亦能如此，豈不更好？我也當如此祈求。這是為自己的快樂而追求。

有人為自己失眠而追求聖靈充滿，希望被聖靈充滿之後，可以安眠好睡了。有人為心中鬱抑姑媳不和，而追求聖靈充滿。這都是為求自己的益處。不錯，聖靈充滿的人，確有快樂，但當知聖靈充滿，還有更大的用處，並不單為這一點點的好處。

耶穌在登山變像時，衣服放光，極其潔白，忽然有以利亞和摩西，向他們顯現，並且和耶穌說話，並談到主耶穌去世的事，三個門徒見此情形，彼得乃對耶穌說：拉比，我們在這裡真好，可以搭三座棚，一座為你，一座為摩西，一座為以利亞，他並不知道說了什麼，因為他們正在半睡狀態之中。我亦怕你們現在亦有人睡覺。我每逢講道，見有人睡覺，心中便很難過，耶穌講道亦有人睡覺，耶穌講完，他們睡醒了。為什麼要搭三座棚呢？彼得是不打自招了，他說“我們在這裡真好，”名是為三人，其實是為自己。

耶穌的面真好看，衣服也真好看，道理也真好聽，他們沉醉於現況之下，如小兒沉睡在母親懷裡，母親拍著手，唱著歌，他們滿足了。他們巴不得耶穌的面上永遠發光，那潔白的衣服永遠穿著。摩西以利亞永遠不回去。他們更巴不得耶穌不去受苦，永遠在此山上講道。給我們在此睡覺，睡個滿足。神的旨意不要緊，只要我們好就好了。但耶穌怎能聽他們的話呢？耶穌必然要下山去的。不過我們在此可得一教訓，我們為求自己的好處，而追求聖靈充滿，這是多麼陋劣的舉動啊！

有人想追求聖靈充滿，為要得平安，快樂……這也是不可能的。還有些青年人追求聖靈充滿，為想造就自己成為大人物。做中國的衛斯理，中國的戴德生。做現代的大佈道家，前途無量，希望無窮。

尤有甚者，我們勸青年人獻身傳道，讓聖靈充滿，青年人聽這消息，心中思想，我本想做大人物，本想做華盛頓，今竟做慕迪，本想做哥倫布，今竟做衛斯理，然亦不錯，我雖不能在政治界裡做大人物，亦可在教會裡做大人物。啊！如想做大人物而追求聖靈充滿，上帝給聖靈充滿人，難道為成全你做大人物的欲望麼？聖靈充滿人，是為榮耀耶穌，不是為榮耀自己。

聖靈充滿人，可能使人做大人物，聖靈充滿人，可能使人為衛斯理，但聖靈充滿人，亦可能使人成為禮拜堂的掃地工人。聖靈充滿人，可能使你在大都市工作，亦可能使你在窮鄉僻壤裡工作。聖靈充滿人，可能使人為慕迪，聖靈充滿人亦可能使人在家中為一主婦洗衣掃地，引導家中的人信主。如此，你肯被聖靈充滿麼？

昔日約翰雅各未被聖靈充滿時，求坐主的左右，後被聖靈充滿，而致“金銀我沒有，”且要被人逼迫坐監牢。越被聖靈充滿，越窮越苦，此時，你肯被聖靈充滿麼？一方面發財，一方面做有能力的傳道，你當然願意，但你願意如彼得，約翰，雅各一方面窮得要命，一方面還去做傳道麼？

巴拿巴是個好人，是教會裡一個執事，他賣了田地，把價銀都拿來放在使徒腳前，自動的都給了別人，都奉獻了主，這是真的被聖靈充滿。真被聖靈充滿，是能令你得能力傳道，得能力過貧窮的日子。得聖靈充滿，是要叫你賣了東西，分給別人，你願意麼？現在未被聖靈充滿，心中一定有些不願意，但被聖靈充滿則必願意了。平時不肯這樣，不肯那樣，但被聖靈充滿後，則必完全都肯了。聖靈充滿，是為榮耀耶穌，不是為榮耀自己。

聖靈充滿，不是叫你得榮耀，有時會叫你受苦，惟受苦才能榮耀神，奉獻神。司提反是個得恩惠能力的人，他是以智慧和聖靈說話行事的。他前一段是好的，有口才，有膽量，有熱心，有智慧，有能力，但後一段則如何？被人捕捉，受人審判，被人惱怒，向他咬牙切齒，被人用石頭打死。但司提反被聖靈充滿，定睛望天，看見上帝的榮耀，又看見耶穌站在上帝的右邊。他最後呼籲主說，求主耶穌接收我的靈魂，又求主不要將這罪歸於他們。被聖靈充滿，是預備我們怎樣死，並叫我們在死的時候能榮耀主。

若司提反不被聖靈充滿，做一個平常的教友，則猶太人不會打死他。他若不被聖靈充滿，則必不能求主“不要將罪歸於他們，”但他因為被聖靈充滿，故能如此。你要不要被聖靈充滿呢？你們祈禱求聖靈充滿，到底你的目的為什麼？動機如何？你是為榮耀耶穌，亦為榮耀自己呢？

聖靈充滿你， 可能令你一生沒有什麼名譽 ，地位 ，聲望……聖靈充滿你，亦可能令你一生貧窮，如彼得約翰金銀都沒有，聖靈充滿你，亦可能令你如司提反之死於非命，你敢不敢求神被聖靈充滿你呢？

今日教會之中，為什麼被聖靈充滿的人那麼少？為何我們追求聖靈充滿而得不著呢？就是因為我們在追求聖靈充滿的時候，動機不正，目的不對。所以，我們即當將一切不正的動機，不對的目的，完全除掉，我們只有一個動機，一個目的，是為榮耀主，今日教會非常軟弱無力，貧乏可憐，想挽救這個現象，除被聖靈充滿外，沒有其他方法，我們追求聖靈充滿，使我們能榮耀耶穌基督。

聖靈充滿的第二條件

倒空一切

聖靈是聖潔之靈，只能充滿聖潔的人。故當倒空自己及一切罪惡。不止罪惡，舉凡一切與聖靈違背的東西，如錢財的迷惑，聲色獲利的迷惑等等，皆須倒空一切，方能得聖靈的充滿。

使徒行傳九章三節至九節記載保羅的重生歷史說："掃羅行路，將到大馬色，忽然從天上發光，四面照著他，他就仆倒在地，聽見有聲音對他說，掃羅掃羅你為什麼逼迫我？他說，主阿，你是誰？主說，我就是你所逼迫的耶穌。起來，進城去，你所當作為事，必有人告訴你。同行的人，站在那裡，說不出話來，聽見聲音，卻看不見人。

掃羅從地上起來，睜開眼睛，竟不能看見什麼，有人拉他的手領他進了大馬色。三日不能看見，也不吃，也不喝"又十七節說："亞拿尼亞就去了，進入那家，把手按在掃羅身上說，兄弟掃羅，在你來的路上，向你顯現的主，就是耶穌，打發我來，叫你能看見，又被聖靈充滿。"我們看保羅的歷史，一方面見他得救的經過，一方面見他被聖靈充滿的經過。許多人以為得救與聖靈充滿是分開的，其實看著掃羅的經歷，得救與聖靈充滿並不分開，而且是同時的。我今天晚上，想講保羅得救與被聖靈充滿的經過。

四節說掃羅"仆倒在地"，一個預備被聖靈充滿的人，必須仆倒在地，仆倒在地，是叫我們謙卑倒空一切，這是我們應有的態度。如何倒空？必須先被耶穌打倒，讓我們完全無力，完全繳械，完全投降，一切歸於主，才能給聖靈充滿。

所謂倒空一切，是指倒空什麼呢？

倒空所犯之罪，保羅仆倒在地之時，忽聞天上有聲音對他說："掃羅掃羅，你為什麼逼迫我？"掃羅答："主阿，你是誰？"主說："我就是你所逼迫的耶穌"。掃羅心中一定覺得很奇怪，我並無逼迫你，只是逼迫你的門徒，但須知，逼迫主的門徒，即是逼迫主。掃羅口吐凶言，是向誰吐，不是向門徒吐，簡直是向主吐，掃羅捆綁信奉主道的門徒，也簡直是捆綁主。用石頭打司提反，就是用石頭打基督耶穌。基督耶穌與門徒是不可以分開的。掃羅，掃羅你為什麼逼迫我？其言乃有深意的。耶穌好像這樣說：你恨惡一個弟兄批評一個弟兄，就是恨惡我，批評我。你欺騙別人，得罪別人，就是欺騙我，得罪我，我就是你所逼迫的耶穌。

一、我們第一件要發覺自己的罪。我們犯罪他人，就是犯罪耶穌，打在弟兄身上，即是打在耶穌身上，罵弟兄，即是罵耶穌，咒詛弟兄，即是咒詛耶穌，……我們得罪人，都是得罪耶穌。浪子說："我得罪天，又得罪了你"，無論犯什麼罪，都是犯在耶穌身上。你聽見耶穌的話麼？掃羅，掃羅，你為什麼逼迫我？我們若發覺自己的罪，並發覺一切的罪，都歸在耶穌的身上，都是干犯主耶穌的身，我們當如何？主拯救我，安慰我，主如此對我，我卻如斯報答他麼？耶穌是我們的恩主，你會逼迫他麼？你每日在逼迫耶穌，你能求聖靈充滿麼？難道聖靈充滿你，加給你力量，使你去逼迫耶穌麼？"犯罪是犯在耶穌身上，"這句話正如在家中孩子打架，更可明瞭。我的家中，有時孩子們互相打架，哥哥打弟弟，姊姊打妹妹，我看見，心中著實難過，痛責他們，說：你們這樣打架，哥哥打弟弟，姊姊打妹妹，無異打在我的身上一般。你們若不停止，我可不能饒恕你們的。

各位，你敢得罪耶穌麼？你忍心得罪耶穌麼？你肯得罪耶穌麼？怪不得你日日求聖靈充滿而如緣木求魚而不得了。因為你日日都得罪耶穌，如何能得聖靈充滿？故我們想追求聖靈充滿，必須被耶穌打倒，仆在地上，倒空一切，然後方能盼望聖靈充滿我們。

二、　起來，進城去，你所當作的事，必有人告訴你。為什麼耶穌不自己告訴他？而須另找別人告訴他？那人是誰？就是亞拿尼亞，亞拿尼亞，是個基督徒，是掃羅正要逼迫的基督徒，現在要亞拿尼亞向他講上帝的話，要亞拿尼亞按手在他身上，開他的眼睛，叫他能看見。這就是上帝要掃羅謙卑，不止要在神面前謙卑，也當在人面前謙卑，在他所看不起的人面前謙卑。要他在這些人的手上得回健康，得著教訓。

保羅起來進城去，有人拉他的手，領他進了大馬色，三日不能看見，也不吃，也不喝。那時候，主在異象中對亞拿尼亞說：亞拿尼亞，你起來，往直街去，在猶大的家裡，訪問一個大數人名叫掃羅，他正禱告。聖靈那時候，已經在保羅三日不吃不喝的當中，對他講過許多話了。相信保羅在此三日之中，必常在床上，跪在地下，祈禱等候。同時，亞拿尼亞亦必在此三日三夜裡祈禱預備，然後才去。亞拿尼亞進入保羅的住所，為他祈禱，然后保羅才被聖靈充滿。

我們在神前認罪容易，在人前認罪困難。不止在人面前認罪，就是現今請你們舉手，同在神面前認罪祈禱，也是困難。為何我們不在室內自己祈禱認罪，而必在人前認罪呢？許多人這樣疑問著。

我家有一孩子，得罪了家裡僕人，我叫他要在人前認罪，叫他講一句“請原諒”“不應該”他不肯。在工人前認罪，太不容易了，我勉強他，他勉強的很細聲地說：“請原諒”，我叫他高聲一點，他面赤耳紅，糊裡糊塗的講了一句。啊！人們是不容易認罪的，許多人總以我有錯，他亦有錯，且他的錯，或許比我更多。

我一次在一財政所長家裡講道，講的就是聖靈充滿的題目，我說：我們想得聖靈充滿，必須在神前認罪，同時也要在人前認罪，可惜我們多少時候在神前能謙卑，惟在人前卻不謙卑，我們也當在人前顯謙卑才對。散會後，那財政所長靜靜地對我說：我有罪了，請你代我祈禱，我問他有什麼罪？他說：我曾得罪了一位工人，本來我早該對他認罪，請他原諒，但因我驕傲，不肯向他認罪，請他原諒，現在，我知錯了。就叫那工人來，三人共同跪下祈禱。後來那工人深受感動，歸信了主，那位兄弟——財政所長，亦即得到聖靈充滿。我們想得聖靈充滿，必須付出聖靈充滿的代價。

有一次，在重慶中央大學講道，幾十人一同聚集跪下求聖靈充滿，在祈禱時，有一女同學忽然站起來，我平常祈禱少有開目觀看的，但這次出於我意外，有人起身站立，我開眼看其究竟，見那位女同學跑到另一位女同學跟前，用手抱她，並且含淚對她說：我前次得罪了你，請你為耶穌的緣故，原諒我罷！那位女同學也起來雙手擁抱著她說：並不是你得罪了我，乃我得罪了你，互相認罪，互相求恕，互相抱頭痛哭。這事立刻震動了整個會場，許多大學生都受深刻的感動，大家都悔改認罪，得了聖靈充滿，翌晨重慶報紙登載其事，而且還有在社論上批評我們是患了神經病，用催眠術以迷惑人。我們只有置之一笑，因為這種靈感，他們怎能領會呢？

我們在教會裡，有互相認罪，彼此代求，抱頭痛哭否？有與罪相爭到流血的地步否？我們必須在人前認罪，才能得聖靈充滿。

三、掃羅的眼睛上，好像有鱗立刻掉下來。鱗表什麼，是有靈意的，即表示保羅的眼光，大大的改變了，從前認為有益的，而今，認為有損了。從前他以為我是以色列族，便雅憫支派的人，是希伯來所生的希伯來人，而且是個法利賽人，就律法的義上說，我是無可指摘的。我保羅比什麼人都好，無論學問，地位，工作，家庭……那一樣不及別人呢？但如今我保羅已經丟棄萬事，看作糞土，為要得著基督。從前是看不見，而今，是看見了。以前以為自己的門第好，遺傳好，誰知這些全是老亞當的後裔，不值一文了。從前以為只是逼迫門徒，誰知竟逼迫到耶穌的身上了。把從前和現今相比，真是天淵之別。

我們必須丟棄以前的一切敗壞的，罪惡的，污穢的……然後可能得聖靈充滿。你有沒有把自己的地位，財產，名譽，學問……當作寶貝呢？或把這些看作糞土呢？我們必須看輕這一切，敝棄這一切，才可得聖靈充滿。不止口講，乃是從心裡不愛這些，只愛得著聖靈充滿，為人生的至寶。得著基督為人生的至寶。

聖靈充滿的第三條件

完全奉獻

聖靈充滿，即靈力的充滿，靈力充滿之後，不是給我們自己所使用，乃是給聖靈所使用。所以我們必須順從這種靈力，讓聖靈完全在我們心中作主，作王。我們有一完全順服的心，然後方能得聖靈充滿。

路加一章十五節說：“他（施洗約翰）在主面前將要為大，淡酒濃酒都不喝，從母腹裡就被聖靈充滿。”約翰五章卅五節：“約翰是點著的明燈。”施洗約翰是被聖靈充滿的人，他大有能力，為主作大工。他被聖靈充滿的秘訣在那裡呢？聖經說他淡酒濃酒都不喝，他和撒母耳先知一樣，是個拿細耳人，不剃髮，終身歸與耶和華，換言之，他是一個完全奉獻順服的人，故能被聖靈充滿。我們看施洗約翰的一生，可知聖靈充滿的第三個條件——完全奉獻的重要。

聖經說他是點著的明燈，是點著的，是發光的，如一蠟燭，一面燒著，一面發光。燒著是指自我犧牲，自我毀滅，如此，才能發光。不斷的犧牲自己，毀滅自己，則不斷發光，什麼時候犧牲完，毀滅盡，什麼時候他的光才停止。我們把奉獻像火燒著，我們所奉獻的才能發出光輝來。

約翰在少年時，居於曠野，漸漸長大，長大後，離開家庭，父母，親戚，在神前完全奉獻。他從小便奉獻，丟棄了前途，犧牲了學業，及地位，名份，……他本可以承繼父親職份，而為祭司，但他從小奉獻與神，這一切都不放在眼內。

有一部書描寫約翰少年時的光景，說他早歲喪失父母，他決心逃到曠野去，朋友親戚前來勸阻他，對他說：你這樣做是沒有前途，沒有人生幸福的！在家裡卻有書讀，可享受高尚的生活，長大後可望封立為祭司。你年紀尚輕，前途無量，你可以建立很大的事業，功勛，……為什麼要離開家庭，跑到曠野無人之境那裡去呢？但約翰回答他們說：我從小便做拿細耳人，我已奉獻，不能收回。於是毅然決然地離開了家庭，與朋友親戚們說聲再會，便獨個兒跑到曠野裡去了。從前亞伯拉罕也是如此，上帝叫他要離開本地，本族，父家，往我所要指示你的地去。亞伯拉罕也完全順服，照著上帝所吩咐的去了。

說到奉獻這件事，許多人便覺困難了，我們能把這些都奉獻麼？但不奉獻，便不能得聖靈充滿。上帝不必同樣的叫我們如亞伯拉罕施洗約翰一般離開家庭，離開香港，離開你的事業，不過我們要知道我們的一切都是上帝的，上帝要我們無論離開什麼，拋棄什麼，我們都得願意。

我的父親，從前也不願意我去做傳道，有一天，他到我家裡來，那時我剛佈道回來，我叫他，他不應，一會兒，他才說：你還配叫我做父親麼？我叫你不可做傳道，你偏去做，你不配做我的兒子了。我說：你平生最尊崇孔子，孔子有言，大丈夫當立德，立功，立言，我不能立功，立言，我可以立德。父親說：你立德沒有飯吃，有什麼用？你若真的去傳道，你搭車，我臥在車軌上，你搭船，我跟著去跳海，我看你傳道去成不成，我說：我還有一位天父：我亦當聽從天父的話，天父叫我去傳道，我是不能違命的。我父親就拿刀來殺我，幸有友人從旁勸阻，他還暴怒如雷，亂叫亂跳，他很胖，叫跳起來，很吃力。其後我的弟弟來了，苦勸他，和他回去。其後，我的父親在逝世前寫信對我說：我現在很歡喜你做傳道工作了。可惜我從前因不明白而阻止你傳道，你現在可忠心傳道。

我們當把一切地位金錢事業…完全奉獻在神的祭壇前，如蠟燭燒了，才能發出光來。施洗約翰在曠野身穿駱駝毛的衣服，腰束皮帶，吃的是蝗虫野蜜，我們現在傳道，吃的穿的住的都比約翰為好，難怪我們的能力不及約翰了。我不是提倡刻苦主義，說非刻苦不能上天堂，我的意思，是說我們不當貪愛世上的虛榮富貴和享受。我們看現代的人，有的還要更有，享受的還要再享受，我們的肚腹已給魚肉等充滿，腦海已給物質充滿，還能被聖靈充滿麼？

我常見有人替耶穌繪像，繪的是面紅紅面團團的，你以為耶穌的臉是這樣麼？以賽亞五十三章二至三節說：“他在耶和華面前生長如嫩芽，像根出於乾地，他無佳形美容，我們看見他的時候，也無美貌使我們羨慕他？他被藐視，被人厭棄，多受痛苦，常經憂患。他被藐視，好像被人掩面不看的一樣，我們也不尊重他。”

以賽亞先知為我們刻畫的耶穌真像，和我們所想像的紅光滿臉，有天淵之別。他生在木匠之家，沒有睡覺的地方，他過著很窮苦的生活，他忙得不可開交，連吃飯的時間也沒有，所以他的身體，頗為衰弱，在釘十字架時，兩個強盜捱了很久才死去，惟耶穌不多時便斷氣了，耶穌身體不夠強健，可見一斑。耶穌三十幾歲，人們以為他是五十多歲的人，他面目憔悴，形容蒼老。

不久之前，有人對我說：趙牧師，我看你最多不過卅八歲罷？我聽了，心很快樂，也有人說我有五十多歲，聽了我不很高興，因我只有四十多歲。本來應該高興，主耶穌不是有人說他已五十多歲嗎？

施洗約翰的衣食住行，是那麼簡單樸素，倘我們不肯付出相當犧牲代價，只肯把精神放在物質的享受上，我們怎能得聖靈充滿？如洪水時代的人，飲食嫁娶只求享樂，不顧道德公義，如此行為，性命尚且不保，還想望聖靈充滿嗎？這是永不可能的。

施洗約翰出身傳道，不飛則已，一飛沖天；不鳴則已，一鳴驚人。他一宣傳，便震動了整個耶路撒冷城，及猶太全地，許多人都出來親就他，領受他的洗禮。幾天之內，施洗約翰的聲名，轟動了全國，吸引了各階層的人都來親就他。

施洗約翰的禮拜堂最大，以整個曠野為他的禮拜堂，他的洗禮池也最大，以約但河為他的洗禮池。講台也夠宏偉，以山為他的講台。教友也是多，全國的人，幾乎都做了他的教友。……他的風頭起勁了不久之後，有一人來了，他自承替他解鞋帶也不配。不久，那人“搶”了他的禮拜堂，洗池，教友……應當如何反對他，拒絕他，……但他並不這樣做。

猶太人從耶路撒冷差祭司和利未人到施洗約翰那裡，問他說：你是誰？他就明說，並不隱瞞，我不是基督，他們又問他說：這樣你是誰呢？是以利亞麼？他說：我不是。是那先知麼？他回答說：我不是。於是他們說：你到底是誰？他說：我就是那在曠野有人聲，喊著說：修直主的道路，正如以賽亞先知所說的。他們又問他說：你既不是基督，不是以利亞，也不是那先知，為什麼施洗呢？施洗約翰回答說：我是用水施洗，但有一位站在你們中間，是你們不認識的，就是那在我以後來的，我給他解鞋帶，也不配。我是用水給你們施洗，他卻要用聖靈給你們施洗。

施洗約翰將一切榮耀，地位……雙手奉獻於耶穌，自己一點也不懊悔。結果，他自己的門徒，有許多跟從耶穌去了，或說：約翰真是傻瓜，為甚麼不爭點氣，與耶穌較一日的短長呢？但他說：他必盛，我必衰，何必爭長論短呢？我一切一切都是耶穌的，都是為耶穌的。這種犧牲，這種奉獻，真令人佩服之至。

我作個小見証，我從前病了許多時間，臥床而不能起，在病中有一位美國姊妹常來探我，幫助我，她年紀已老。在一九三九年她自己病倒在上海，我也去探視她，見她嘴斜目歪，異常軟弱，我問她病狀如何？她說：你可為我祈禱求神，快接我回去，否則求神快醫癒我，給我快些回到鄉間去，幫助鄉間一些老婦人，我說：你可以在床上為我們中國青年人祈禱，使他們早日歸主，這種工作，是很有價值的，你一生為主作工，救了許多人，也救了我，將來，我必為你作一傳記，把你一生愛主愛人的種種事實寫出來，以鼓勵後輩。她聽見我的話，兩眼一直望住我，流淚對我說：你怎麼好使這垂死的人去偷取上帝的榮耀呢？你必不可這樣做，我當即答允她，故我至今還未敢為她作傳記。她逝世之後，我拿花放在她的墓前，那時，我受了很大的感動，默禱主說：求主使我一生效法那位姊妹，走十字架的路，奉獻一切與主，犧牲一切為主。

施洗約翰後來因為責備希律的罪，給他拿住鎖在監裡，最後希律也打發人去，在監裡斬了約翰，把頭放在盤子裡。忠心為主的人，結局如此。三十多歲的青年，不死在家裡床上，乃死在監裡，把性命也犧牲了。約翰的工作完了，上帝把他接去了，這就是奉獻，這就是犧牲。

我們要為主而活，為主而死，生死都在主的手中。多人很願為主而活，少人甘願為主而死。撒母耳時代那兩隻拖乘約櫃新車的母牛，給我們一個很有意義的啟示。那雙母牛是從來未作過工及未負過軛的，一旦要它套在車上，一直拖到伯示麥人約書亞的田間。照理，它拖到目的地，可以釋放它回去，那知不然，後來還要將那兩隻母牛殺了，獻給耶和華為燔祭。它們做成了上帝的工夫，所謂大功告成之後，還要犧牲，骨成灰燼，這教訓我們一生都要為上帝，不要為自己，若是上帝的旨意，即使犧牲性命，也在所不惜。如此，才可以得聖靈充滿。

許多人以為被聖靈充滿，乃是為自己的益處，其實不然，被聖靈充滿，全然為上帝的益處。我們抱著世界的觀念，物質，享受，事事以“我”為前提，以“我”為依歸，則聖靈永不能充滿我們。我們不可忘記，當捨了自己，如蠟燭之銷化，然後可能發光。

今日誰羨慕約翰，誰就不能忘記約翰之所以能被聖靈充滿，是由於他的犧牲自己，奉獻自己，你肯走約翰的道路麼？你的生活——衣食住行——簡單樸素，你願意如此麼？你肯背上他的十字架麼？若能的話，你便可以如約翰一樣被聖靈所充滿了。

聖靈充滿的第四條件

信心的接受

經文：路加十一章九至十三節

聖靈充滿的第一條件，是要有榮耀的動機，其次是倒空一切的罪惡，第三是完全順服奉獻，現在是論信心的接受。

這一個緊要的問題，有許多追求聖靈的人，都沒有注意，在本段經文說到用信心來接受聖靈充滿，並不是新奇的道理，因為凡是神的恩惠，都要用信心接受，我同別人所寫的紀念冊，有兩句，"靈程的鑰匙是信心，信心的秘訣是仰望"，我們所走的靈程，由得救稱義以至成聖，都是要用信心接受的，明白了這道理，一切便都可以明瞭。

在得救的時候"你們祈求就給你們，尋找就尋見，叩門就給你們開門。"祈求就得著，叩門就開門，何況天父，豈不更將聖靈給求他的人麼？"今日我們到神的面前，求聖靈的充滿，榮耀主，對付罪，又完全順服奉獻，履行了條件，然後禱告說：神阿，你的條件，我已經履行了，願你賜聖靈給我吧！耶穌說：祈求就必得著，你求聖靈也必要得著，我們要信仰到這一個地步，相信聖靈一定充滿我，這並不是奇怪的事，也是和得救的經驗一樣而已。

在牯嶺的一間住所，同居有一位外國小姐，每逢出街，見人就問，你得救了嗎？重生了嗎？不論早，午，晚，都是照樣的問。令人很討厭，甚至教會的長老，執事，牧師，西教士，他都這樣詢問，有時在禮拜堂門口，也握著人的手，不客氣的問，當時我還未清楚知道自己已經得救，或重生了否，所以很怕見她。常時在路上，故意躲避，有一天在眾人茶敘的時候，我適坐在她的旁邊，只有立刻跑到對面，避開她的詢問。

但有一次，正行在一條窄路上，她正迎面而來，沒法閃避，只聽見她問我說，你得救了嗎，我不好意思不答，就說，大概得救，又問重生了嗎，答恐怕重生，我故意氣她，心裡說，真討厭，我偏不重生，又怎麼樣，不過一想到這問題，令到食睡都不安，到底還是要解決，立刻跑到外國小姐那裡，研究討論，她說我早知你要來談話，因我問了你以後，就不住的為你禱告。重生得救，已清楚了嗎？於是她就開始解釋，比方你是罪人，應當沉淪，對不對，主釘十架，擔當人罪，你接受了嗎？我答早已接受！交清罪了嗎？交清，把罪交與主後他已擔當了嗎？擔當，擔了以後還有罪嗎？沒有！那麼你得救了嗎，於是我就有了亮光，知道自己已經得救，這並不是照我自己的說話，乃是聖經的記載。

在得救以後，聖靈就進入你心內居住，令你知罪，心不平安，把生活改造，就是重生，你信主以後，有沒有改變，如果有，那就是重生，是這麼容易的一件事。

“你們得救，是本乎恩，也因著信，”救恩是神所白白賜的，不需要你作甚麼？只要憑著信心接受，立刻得救重生，感謝主，從那一天起，我就知道了怎樣得救，只要履行了這簡單的條件，信心的接受，就是得救與重生的開始。經過了這種的認識，以前我所怕見的那一位外國小姐，成了我以後的好朋友。

至於聖靈充滿，我可以提醒大家，你怎樣的得救，也可以怎樣的得著聖靈充滿，在我們當中，有多少人已經有了榮耀神的動機，毫不為自己，而且完全倒空，心裡沒有罪，已在神的面前對付清楚，又完全順服奉獻一切，那麼神的話是沒有錯的。他說：“你們祈求就給你們，尋找就尋見，叩門就給你們開門。”只要靠著神的話，就足夠了。因為人說出一句話，或對小孩子應許一件事，都要維持信用，何況神是不說謊，不背乎自己的神，他說“將聖靈給那求他的人”，豈有不實現的麼？

有一次，世界的大佈道家慕迪牧師講道後，有一個很有學問的牧者，來和他討論聖經真理，他請這牧者慢慢的念約翰三章十六節五遍，就合了聖經，說“信”他的不至滅亡，馬上就得了亮光。

叨雷博士到各處教會去領會，只講兩個題目：一・聖靈充滿。二・聖經是神所啟示的。有一次講聖靈充滿，解釋約翰一書五章十四、十五節“既然知道他聽我們一切所求的，就知道我們所求於他的，無不得著。”於是他問，你的祈求，是合於神的旨意嗎？答是的，問神聽不聽你的祈求，聽，既然聽，那麼你得著不得著，得著，就是這麼簡單的，神給你得著。所以不論怎樣的奧秘，只要神和你發生了關係，而你自己方面又盡了本份，履行了條件，沒有不得著的。

有一位牧師在奮興會中，講聖靈充滿，有一位少年人在房間懇切禱告，承認己罪，要求聖靈，他說神阿，我已經認罪，求你鑒察，如果還未倒空，求神指示，一次兩次的祈求，也連續的認罪，以後再求問神，沒有反應，他就和主辯論說，既然你不告訴我還有甚麼罪，那麼我就算潔淨了，現在再開始求聖靈充滿，因為神已默認我內心沒有了罪，果然就被聖靈充滿，立刻開門跑出去，正撞著這牧師，抱著大叫“聖靈充滿”了，牧師問他，你怎樣知道充滿的呢？他說我已經祈求過，又認清了罪，聖經又已應許，又履行了條件，所以我清楚的知道聖靈充滿了，以後這少年人果然蒙神的大用，領了十八個人信主，用信心接受聖靈在我裡面。

在去年我在加拿大溫哥華埠，一個朋友的汽車，忽然不能行，檢查機件，原來是電池沒有了電，立刻拿電池到修車廠去，到明天電池已送回來，外面仍是一樣，沒有改變，但裡面已入了電，但在未放這電池到汽車內的時候，怎知道有電呢！那就只有信任這修理廠的廠主，他說有就有，照樣信神的說話，就是得著，不是看外面“不是憑著眼見，乃是憑著信心”。已經履行條件，懇切祈求，聖靈一定充滿你。

有一次我問一位弟兄說：你得救了嗎？他不敢回答，說恐怕人講他有屬靈的驕傲，這真是太過慮，比方一個人從水中得救，有人來恭賀他，並不算是驕傲，或者說，你是父親的兒子，你能否說我不敢答，恐怕驕傲，是人就是人，不是老鼠，承認並不是驕傲。

得救，重生，聖靈充滿，是神的工作，我承認並不算是驕傲，把以上的條件履行了，只要祈求，就必得著。聖靈充滿和得救，有點分別，得救是一次得救，永遠得救，但聖靈充滿，要常用信心去接受，才可以常常充滿，好像電池一放入發動機，立刻就轉動，証實修車廠主的諾言，今日有多少人，肯用信心接受，追求聖靈的充滿。

聖靈充滿的第五條件

聖靈充滿後在信徒身上的工作

經文：行傳二章四節

他們都被聖靈充滿，按著聖靈所賜的口才，說起別國的話來。

前四講是論怎樣得聖靈充滿，現在講聖靈充滿後，在信徒心中的工作，經文所指的“他們”，就是“門徒”。在二章十四節，三章十二節，四章八節，還有許多章節，都是論到彼得和門徒被聖靈充滿後的情形。

聖靈充滿在人的心內，好像汽車的電池透入了電力一般，外面沒有甚麼異樣，但內裡乃不相同，但怎樣知道有電呢，第一是信那位電池廠主的話，其次是收入汽車裡面試驗，有了電的電池，當然可以發動機器，今日我們履行了上次所講的四個條件，得著聖靈充滿了，也信了神話，因為神不說謊，最可靠，自己的內心就知道有了聖靈，不一定要人人能說方言，才叫作聖靈充滿。電池光是外面好看，而沒有電力，有甚麼用，我們要心裡有聖靈的能力，清楚自己，有聖靈的充滿。

聖靈充滿在甚麼地方的呢？在人身上的腦部或心中，肚腹或腸胃的呢？上次我在廣州問一位信徒，他回答說：在心內，指著他的胸前，說聖靈充滿在這裡，原來我們每一個人身體的構造，也是三位一體的。

一・身，外表的肉體，聖靈不能居住。

二・心，就是“魂”有人說“心裡難過”，不是指這輸血的肉心，乃是指精神上的心，就是聖經所說的魂，魂的作用分為思想，情感，意志，三部份。

三・靈，我們內在的靈，是由神的靈吹氣進入而成的，藉著這靈，就與神相通，有良心，有道德，和禽獸有大分別（哥前十二章一至三節）。

人體分這三部，那麼聖靈充滿的地方，就是在人的“靈”裡面，把能力和榮光，也帶進靈裡，於是能力支配了整個的人，成為有能力的靈，管理全部思想，情感，意志，這個力量是為主活在世上。比方電力發動汽車，電——代表靈，汽油——代表魂，車——代表身。

我們研究彼得的思想，可作一個表徵，彼得起初跟從耶穌的時候，沒有明白多少道理，雖然有一兩次用靈感承認耶穌是神的兒子，但大部份仍然模糊，不體貼主的心，在主升天的時候，仍然問，“你復興以色列國，就在這時候嗎？”聽了三年零四十天的道，仍然不明白，以為耶穌要脫離羅馬作世上的王，完全不懂得主的心，也不留意耶穌釘十字架時的講論，和聖經的預言，在主登山變像的時候，摩西和以利亞顯現，說主必須到耶路撒冷受苦，但他們都打盹了，對於受苦贖罪的真理，也不明白，只想坐主的左右執掌權柄，和搭三間蓬屋為自己享樂，以後甚至攔阻耶穌，不上耶路撒冷受苦，以至被主斥責，都是因頭腦不清楚。

我們得救，是靠信心，不是靠行為，並不是先作好人然後信主，乃是信主以後蒙神的改變，有一次佈道會，我講罪人因信稱義的道理，有十幾人舉手信主，招待員就為他們簽名，不料其中有一個女子，堂內的女傳道，卻不接納她的簽名，我奇怪問女傳道，為甚麼不要她簽名信道，回答說，她是一個妓女，我們教會不要她，這真是錯誤的見解，禮拜堂難道只要好人，不要罪人的嗎，我立刻對這女子說，人雖不愛你，耶穌卻愛你，於是同心為她禱告，求主救她。所以一個未有聖靈的人，根本不明白神的心意，和救恩的作用。**聖靈在個人身上的工作分為三：**

（一）思想的改變：

“心意更新而變化”（羅馬十二章）就是指思想與腦根的改造，不是用原來的頭腦，然後察驗“神純全可喜悅的旨意”，明白真理，就體會神的心，“以基督的心為心”（腓立比二章五節）以主的思想為思想，聖靈充滿以後，看聖經就得著亮光，明白神的意念，不同我們的意念，好像彼得被聖靈充滿以後大有改變，前十天，仍然問主幾時復興以色列國，現在則引用舊約証明耶穌是基督，把以前的思想完全改變，明白聖經，清楚神旨，對於世界，有不同的看法，認識宇宙，社會和人生的真諦，同耶穌一樣看法，願神的靈充滿我們，改變我們的思想，以耶穌的心為心。

（二）意志的進步：

“藉著他的靈，叫你們心裡的力量剛強起來。”（弗三章十六節）心裡的力量，就是意志。要在聖靈裡面，控制意志，剛強堅定，不折不屈，有充足的信心。

研究彼得的一生，他的生活是波浪式的，忽而高升，忽而降低，在主被捉的那夜，還很勇敢的說，別人離開你，我死也不離開你，但幾小時以後，竟然三次不承認耶穌，甚至發咒起誓，真是反反覆覆，今日許多人在培靈奮興會，認罪禱告，奉獻身心，但回家以後，竟忘記了，更不願意奉獻了，可見自己的力量和意志，也靠不住。

一個信徒的失敗，就是恃靠自己的力量，追求得勝的生活，不靠神的能力，沒有聖靈充滿，結果"立志為善由得我，只是行出來，由不得我"，好像一種睡早覺的習慣，捨不得起床，鬧鐘和"雞鳴起舞"的標語，也無濟於事，甚至淋濕了床，仍然睡覺，勝不過這老習慣，一個人只明白羅馬六章而不明白七章的意義，我們不只算自己向罪死，更要裡面有聖靈充滿的力量，耶穌在十字架上的得勝，就成了我們的得勝。

（三）感情的興奮：

聖靈充滿能夠把我們孤寂的情感挑旺起來，不過要注意奮興不一定就是聖靈充滿，有時見人大叫大跳，聽了動人的故事，也可以一時興奮，所以要有清楚的辨別。人沒有情感，變成了鐵石心腸，這是不健全的。

在聖經中記載多少事跡，都是充滿豐富的情感，有高興快樂，親切的愛心，好像天堂一般的情況，世界有名的奮興佈道家，慕迪，衛斯理等都是聖靈充滿，情感豐富的牧者，令當時的教會有極大的復興。

彼得以前是一個嫉妒忿爭的人，以後得了聖靈充滿，大大改變，在祭司文士面前，大膽証道說："聽從神不聽從人，是應當的。”雖然在監牢中，也信靠主，安然睡臥，到老年的時候，在羅馬城因教會被逼害，他也跑出城來，但忽然遇見了主，說我要進入城去與門徒同受苦難，令彼得滿心慚愧，立刻轉回城內，以後捨身殉道，倒釘十字架而死，彼得這樣的勇敢，奇異的改變，是聖靈給他的力量。

“神能照著運行，在我們心裡的大力，充充足足的成就一切，超過我們所求所想的，”（以弗所三章廿節）神運行的能力，是何等的浩大，他把基督從死裡復活的能力，顯在我們身上，有一位外國女教士說，耶穌復活的力量真偉大，他葬在墳墓，下到陰間在魔鬼和邪靈中間，忽然復活把陰間的權柄，完全打敗，所以復活的能力，勝過一切權柄。

我們被聖靈充滿以後，就能從死亡中釋放，作完全得勝的人，願今日教會中每一個人，都追求聖靈的充滿。

聖靈充滿的第六條件

聖靈充滿後在教會的工作

經文：使徒行傳二章一至四節又卅七至四十七節

聖靈在教會中有甚麼工作，聖靈充滿以後，和教會有甚麼關系，教會為甚麼要聖靈充滿，我們研究使徒行傳第二章，就可以答覆以上的問題，清楚知道，有了聖靈充滿，教會必定增加許多益處。現在從四方面來研究：

（一）恩賜方面

教會被聖靈充滿以後，聖靈就把“恩賜”帶來給教會，把各人心中的火，挑旺（奮興）起來，運用這恩賜“他們就都被聖靈充滿，按著聖靈所賜的口才，說起別國的話來。”（四節）“說別國的話”——方言，這是一個恩賜，我們不能說，未曾講過方言的，就沒有聖靈充滿，說方言不過是恩賜中最小的一種而已，彼得並不是每一次講道都說方言，歷史的名人被聖靈充滿，也不一定都說方言，所以我們要認識清楚，不要隨人固執一面的詞句。

在哥林多書十二章說，神在教會有八種恩賜，就是使徒，先知，教師，行異能的，醫病的，幫助人的，治理事的，說方言的。運行在教會中，幫助建立工作。

甚麼叫作恩賜，就是聖靈所給的一種屬靈的本事，用來服事教會，所以聖靈一充滿，各人分別領受不同的恩賜，軟弱忽然變為強壯，勇敢的工作，以後更加挑旺和發展，把這恩賜擴展運用，各人合力工作榮耀神。

今日許多教會，以牧師為中心，信徒不負責任，每周一次禮拜，一次獻捐，其他一概不理，完全把工作推在傳道人身上，以致恩賜不運用，發不出力量來，但聖靈充滿的教會，每人都有恩賜，運用出來以建立教會。

牧師要鼓勵信徒作工，一間教會，有如一架火車，各種機器零件，比方是各個信徒，有大有小，各個都有功用，聲音大的，可以作汽笛，但不可亂響，要受聖靈管理，擔任作車掣的，也要適時運用，不能在開行快車時閂掣，以致闖禍，各人盡自己的責任，不是單把工作集中在牧師和傳道人身上，每人都應該作本份的工作，才是理想的教會，有聖靈的充滿。

以前我在內地，開設一間分堂，每日的工作，都分配各信徒，有組織計劃，排列依時作工，禮拜日幫助探訪唱詩，平時佈道會，主席，講道，讀經，祈禱，招待，見証，辦事，每人都有責任，大家都很熱烈，很合作，好像整個肢體，各盡本份，發展教會，聖靈充滿，在恩賜方面，也是各人合作運用，發展神的事工。

（二）傳福音方面

一個聖靈充滿的人，一定很關心傳福音的工作，而且是很有能力的領人歸主，好像彼得一次講道，有三千人歸主，有聖靈同在，內裡有一股莫名其妙的能力，令人看見也受感動了。

美國一位大佈道家，差非列，有一次去參觀一間工廠，行到一座機器旁邊，沒有講話，只對著一個女工人望一望，笑一笑，她立刻停止工作，跪下祈禱，五分鐘內全廠五百幾人，都受感動，停工跪下祈禱悔改，真奇妙，他沒有講道，只是看一看，就感動了多人，這是他師母的見證。

英文故事述說了一種點金術，施術者的手，無論摸甚麼東西，都會變成金，現在一個被聖靈充滿的，也有點生命術，碰著甚麼人，也可以令他有基督的生命，無論說話行事，都“點生命”的術。一個滿有生命的人，一定很熱心的領人歸主，因為有聖靈的充滿，反過來說，一間教會，幾年都沒有人歸主，一定是沒有聖靈的同在。

（三）教會生活方面

使徒領人歸主，成立教會，很清楚的認識真理，同心遵守聖徒的教訓：

（1）**同心合意遵守主道**，不單聽道，而且行道，恆心遵守，現在許多人是聽而不行，每週只是循例的禮拜一次，毫不實踐訓言，如果有了聖靈充滿，就不是如此，一定人人實行真道，同心合意，追求神旨，和聖經的教訓。

（2）**彼此交接**，信徒與信徒中間，必定要有屬靈的交通，生活上的往來，每週只在禮拜堂一次見面，是不夠的，不來往，不連繫，就成為散沙，我們要信徒靈性進步，教會團結，在聖靈充滿以後，一定要密切的"彼此交接"，當時擘餅紀念主，每月一次，聖靈充滿的人和普通信徒，一同擘餅，作最大享受，是建立教會的根基，一同在主前有深切的交往，紀念主的死，最能領導別人復興。

（3）**祈禱方面**，大家同心合意的祈禱，這是信仰的根基，許多禮拜堂，教友不會祈禱，以為只是牧師傳道的事情，但得了聖靈充滿，就會自動的熱烈禱告，與主深交。

（4）**物質方面生活**，"凡物公用"，有一位著名的注釋解經家說，聖靈充滿的教會，一定大有喜樂，並不是因為有食物送給他人，乃是有一種奇妙的愛感動人，當時信主的人丟棄一切，完全奉獻，為了愛顧弟兄，人人都是出於誠心樂意，所以教會大有復興。

舊約的選民，是奉獻十分之一，但新約沒有限度，奉獻越多越好，因為十分之九都是由神所賜給的，現在安息日會，也訓練人捐助十分之一，但當時是講愛心，完全奉獻。神不看你捐多少，乃是叫人對整個物質方面，有清楚的認識，乃是神托管的，不是自己的私產，神不一定叫你賣去所有，但要你知道一切的物質屬乎主，不是小的給主，大的屬我，這樣的生活，不能叫聖靈充滿，我們要把整個人和錢財放在主的面前，為主而使用，榮耀父神。

所以信徒得了聖靈充滿有聖靈，就得恩賜，在教會中，熱心傳道，領人歸主，彼此來往，同心合意，奉獻所有，教會大大興旺，何等佳美，我們真盼望五旬節使徒時代的教會，那種聖靈充滿的能力，再在今日復興。

使徒時代的教會，被聖靈充滿的，不是一兩個人，乃是全體蒙恩，今日我們的教會，也盼望整個的蒙恩，得力量，有聖靈充滿，大大復興，阿們。

聖靈充滿的第七條件

怎樣叫作聖靈充滿

經文：約翰九章卅七節至卅九節

感謝神，這一屆培靈會，有機會研究聖靈充滿的道理，願主在這最後的一講，給予更完美的靈福，聚會雖然完了，仍要繼續追求。

這七講的總題，是聖靈充滿，今天是結束的信息，怎樣叫作聖靈充滿。

“人若渴了。可以到我這裡來喝”（卅七節）聖靈充滿，我們很難用一句話，說明或形容解釋，現在先要說明聖靈充滿是甚麼意思：

在我剛信主的時候，我想聖靈充滿，大約好像，駱駝佔帳幕的故事，是逐漸進入的，一個亞拉伯人騎著一匹駱駝，帶一座小帳幕去旅行，晚上在野地上立起帳幕，睡在裡面，駱駝就繫在外面，當晚因為天氣太冷，駱駝請求主人，准他把頭伸入幕內，不料得寸進尺，連前腿，背，腹，逐漸的伸進來，結果把人擠了出去，我以為聖靈充滿，也是如此，先悔改，再得救，然後獻身，就充滿了一半，最後聖靈來了，就完全充滿，不是這個意思。

聖經說：一個人信主得救的時候，靈已住在裡面，並不是頭進去，身在外，乃是整個的靈，都在裡面，聖靈充滿，也不是分部進入，以後再進步一些，又以為得救是得小部份聖靈，以後再得完全的聖靈。原來聖靈本來住在我們的裡面，我們履行了一切條件，靈就發出力量，充滿，管制，強力的發動，好像一座機器，電力是由電廠發出，電力已經透入機內，一履行條件，立刻發動，管理支配。又好像一塊海綿，入水就發脹，每一部份都浸透吸滿，我們充滿了聖靈，那種能力，就如水一般進入每一個部份，控制整個的人，並不是得更多的聖靈，乃是聖靈在裡面得著我們更多，靈力佔據了我，被他控制或發動，我自己完全投降，由靈得著我，支配我。

“耶穌說：一人若渴了，可以到我這裡來喝，信我的人，就如經上所說，從他腹中要流出活水的江河來。”聖靈充滿，好像水的進入，發出的力量，成為活水江河，這樣有三個字很重要。

"喝"——要被聖靈充滿，必須先有仰慕的心，好像飢渴的人，需要喝水一般，沒有水就不能夠生活，是必需的飲料，我們要用這樣的態度，存飢渴慕義的心，去求聖靈的充滿。

世界聞名的佈道家慕迪，在初出作傳道的時候，很有天才，藉著一節聖經，就編配許多故事，會眾很感興趣，有時也很感動人，但這不是聖靈充滿的工作，只是口才與資料的配合而已。

有一天剛在一間禮拜堂講完了道，許多人和他握手，稱讚他講得動聽，忽然有兩位姊妹，是虔誠禱告的人，跑到慕迪面前，握著手對他說，少年人啊：我們已經為你禱告，現在，將來也要為你禱告，當時慕迪的心中很難過，心中很不高興，但感謝主，從此以後，他發現了自己的弱點，深覺以往都是草木禾楷的工作，說得好聽，大會人多，有甚麼用，因為不是根據聖經，沒有聖靈充滿，所以他以後幾個月都不敢講道，隱藏靈修，有一天正在馬車上忽然被聖靈充滿，生活完全改變，多講聖經，少講故事，蒙神大大的使用，因為神藉這兩位姊妹的提醒與禱告，把他的驕傲，變為謙卑敬虔，知道自己的缺乏需要，然後努力的追求渴慕，結果就得著聖靈的充滿。

"渴"——人的心裡有了"渴"的態度，就必需去飲——喝而止渴。我們認識了自己的軟弱無用，就要實行得著聖靈充滿的條件，等候聖靈的降臨，耶穌在復活以後，吩咐門徒聚集在耶路撒冷等候聖靈降下，本來門徒已經跟從了耶穌三年，親耳聽，親眼看，又行過神跡，見過主釘十字架，復活，又受教導，奉差遣到普天下傳福音，不過耶穌對於他們，雖然已有這種認識，仍不夠，還需要。再為等候，因為只是知道，或明白甚麼知識奧秘，只是頭腦的見識，更需要有實際的經驗，所以要等候聖靈。

在哥林多前書十五章論到門徒的數目，最少有五百人，但使徒行傳記載，聖靈充滿的時候，只有一百二十人，那麼還有三百八十人，到那裡去了，他們已明白了真道，知道了主的見証，也聽見主吩咐等候的命令，現在聖靈充滿，竟與他們沒有關係，聖經雖然沒有談及這原因，但據我們推想，大約是（一）驕傲，以為甚麼都知道了，耶穌釘十字架，復活，升天，完全都已知道，不需要再等候，只要講得好，何必需要能力。（二）自滿，不作追求，所以不被聖靈充滿。

中國教會，還需要更大的復興，求主興起像慕迪，衛斯理，戴德生，一樣領導全國的大奮興，我們不要像老底嘉教會太自滿自足，其實是貧窮可憐，瞎眼赤身，所以要追求，來喝，不是來聽，單單明白，乃是來喝，切實的追求，我們先履行了聖靈充滿的四條件，就是有榮耀基督的動機，倒空一切罪惡。順服，接受，然後得聖靈充滿。

智識是叫人自高，聽與看，可以增加智識，因而增加人的驕傲，但到底未得著聖靈，所以要實際的追求經驗，去親自的“喝”，聖靈已經等候，只等待你追求，我憑著神的恩典，告訴大家這屬靈的要道，若果你沒有得著聖靈充滿，不是因為所講的教訓不清楚，乃是因未肯決心追求而已。

“流”——先渴後喝，然後流出活水的江河，這江河是多數的，不是單獨一條河，是很多江河，充充滿滿從不同的各方面流出來，在禱告，讀經，教會生活，家庭和社會的生活，信心，對人，愛神，各個江河中流出來，好像伊甸樂園有四條河，滋潤園子，令這園子非常美麗，結出各種美果，悅人的眼目，耶和華行走在其中，始祖住在裡面，我們信徒得聖靈充滿，流出活水江河，結果在生活上榮耀神。

有一本書論到一個非洲的黑人信徒，要追求聖靈充滿，找不到一個好的傳道人來領導他，後來就到了美國要找一位牧師來指導，但又不識牧師住所，和教會的地址，以後經多人的幫忙，終於找到了牧師，黑人立刻問他怎樣得聖靈充滿的問題，但這位牧師很忙，正在要出門去講道，於是一同坐車，沿途敘談，在半路牧師把經過的大建築物，名勝，公園，指給他看，但黑人說，我到這裡，不是要得這些東西，乃是要追求聖靈充滿，立刻就跪在車上祈禱，令牧師心中很不自然，沒有多久，到了禮拜堂，牧師入內登台講道，黑人在門前也大作見証，令到幾個白人也受感一同跪下祈禱，以後牧師說，你不必到美國來求聖靈，也不用我來教導你，因為你已得了聖靈的充滿，隨處流出活水的江河。

請問，你需要知識，或是靈的生命，這不是人所能給予的，要個人跪下神的面前，懇切追求，不單是知道，明白，更緊要是追求“耶穌站著高聲說，人若渴了，可以到我這裡來喝，信我的人，就如經上所說：“從他腹中要流出活水的江河來。”（約翰七章卅八節）

The Great Question
偉大的問題
Circa 1972

使徒行傳 16 章 29-31 節

禁卒叫人拿燈來，就跳進去，戰戰兢兢地俯伏在保羅、西拉面前，又領他們出來，說：二位先生，我當怎樣行才可以得救？”他們說：”當信主耶穌，你和你一家都必得救。

在這一段聖經裡面，那個禁卒問了一個問題：我當怎樣行，才可以得救？我認為這一個問題，是一個很緊要的問題，也是一個很偉大的問題。我相信在我們人類有史以來，就是亞當犯罪一直到現在，我們心裡頭總是有這個問題：我們怎樣行才可以得救？

當然，每個人問這個問題時，不一定用“得救”這個字，那麼我們可以說我們怎麼樣的得到歸屬，或者說我們怎麼可以上天堂？我們或者說我們怎麼樣得到人生的意義，我們人類總有這樣一個問題，就是我們應該怎樣做，才能得救呢？實在說，因為人類都有這個問題，所以才有種種的宗教了。因為這是我們每個人所問的一個問題。我研究這一段聖經的時候，我提出一個問題來，當禁卒跪在那裡問保羅的時候，他說我怎麼行才可以得救，這個得救他問的時候是什麼意思？

我也和趙師母和同工談談這個問題，他們的意見有兩個，一個是說他問這個問題的時候，是問他的身體是否得救，因為他的監牢發生問題了，地大震動了，房子要倒了，囚犯鏈子都斷了，那麼，在這種情況下，他們非常害怕，怕羅馬的上司要照羅馬的法律刑罰他，他說我怎麼可以得救呢？所以他想逃避律法的制裁，所以他問說：我怎麼行才可以得救。另外還有一種意思，他問這個得救的時候，是指他的屬靈靈魂的得救，怎麼樣脫離罪惡，怎樣同上帝和好。我們總會的同工有這兩種意見。我去把我書架上所有的注釋我又再去看，哪一些注釋裡也分著兩個意見，有的說他所問的是指身體得救，有的說他所問的是指屬靈的得救。

所以我今天講的時候，兩個都講，從兩個解釋方面來講這段聖經。

第一個是講，他受災禍不幸臨到時，所要的是從那個環境裡面得到拯救，這個不是錯，我們碰到困難、碰到災難、碰到疾病痛苦了，求上帝能拯救我們，這個沒有錯。不過，當我們向上帝求身體方面的環境拯救的時候，上帝就提出來靈魂的得救，當信主耶穌，你和你一家都可以得救。這個我們可以看到，我們遇到環境的困難，我們求解脫的時候，我們到上帝面前去，上帝給我們的是屬靈的救恩。

若是我們從禁卒方面來看，不從保羅、西拉方面看，這裡有一個禁卒，上帝愛他，要拯救他，我們從這個觀點來看，我們忘記保羅、西拉怎麼樣從亞細亞到歐洲去，腓立比是歐洲的頭一個城。不過我們以這個禁卒的得救為主題來研究，我們說上帝愛這個禁卒和他的家人，上帝要他能夠得救，上帝就把他最愛的使徒保羅和西拉送到監牢裡向他傳福音，那麼上帝為了救那個禁卒，上帝事前做了很多的工作，上帝預備了保羅和西拉。

上帝在異象中把保羅帶到歐洲來，上帝也預備了一個被鬼附的女人，整天在那裡講，這是至高上帝的僕人，對你們講得救的道理，上帝也叫保羅把那個鬼趕出去，上帝也預備這個鬼的主人發動大家一起來反對保羅，上帝也把這個做官的官長預備好了把保羅打一頓送到監牢裡去，這個官長也吩咐禁卒說，這是個是要緊的犯人，你要把他看好了，不要讓他逃跑，禁卒要盡他的本分，把保羅放在內監裡面，把木狗扣起來，我們中國人監牢裡，我小時候看到的手要用銬子銬起來，腳要用鏈子鏈起來。

我在博物館看到過西洋犯人用兩個木頭的做好的東西，把兩個腳放在裡面，把它鎖起來後，腳就不能動了。在這種情形當中，上帝也預備了保羅、西拉唱歌讚美上帝，他們唱歌讚美上帝的時候，忽然發生一件事情，地大震動，監牢的根基差不多都要倒了，那些犯人的鎖鏈斷了，那些禁卒夢中驚覺了，拿起刀要殺自己。保羅說，你不要殺自己，我們都在這裡。這個人就跪在保羅面前說，二位先生，我們怎樣行才可以得救呢？這個時候，保羅說：當信主耶穌，你和你的家人都可以得救。

有一個注釋裡講，加了一個標題 GOD IN EARTHQUAKE 說上帝在地震裡面，上帝在每一個環境裡面，就預備了環境叫犯人沒有辦法，不得不謙卑下來，就尋求救恩。他所要的是世界上的得救，而上帝給的是屬靈的得救。這不是我們常常有的經驗嗎？恐怕我們都有這個經驗，就我自己講，因為我害肺病，睡在床上，以為自己必定死了，所以就找上帝了。那個時候要上帝醫我的毛病，就相信上帝了。所以在一個不好的環境當中，叫我們去尋求上帝去。我們有病要死的時候，或者我們找事找不到的時候，我們經濟上很困難的時候，或者我們精神上很挫折很憂傷的時候，我們沒有辦法的時候，我們就到上帝面前去，我們心裡所要的是上帝在那一件事情上拯救幫助我們，但上帝的回答是，當信主耶穌，你和你一家人都必得救。

從前打仗的時候，我住在重慶，有一個人做一個見証。他是個大學教授，有好幾個學位，很出名的學府，他不相信上帝，有一天他到重慶來，他飛機剛剛一落地停下來的時候，就有警報的聲音，敵人的飛機要來了。他不敢跑到候機室裡面或者是賣票的地方去，他就拼命的跑，跑到飛機另一面的墳地裡去，我們中國的墳地是一個一個的土堆子，他就趴在地上幾個土堆子當中，聽見敵人的飛機來了。這個時候他禱告了，那個時候他沒有在那裡討論有沒有上帝啊，怎麼科學証明有沒有上帝啊、宇宙論啦、目的論啦、道德論啦、那一些東西都不需要了。他也不在那裡說“聖經怎麼曉得是上帝的話呢”？

在那個時間就是一件事，上帝救我 ！ 上帝救我！你這次救了我，我以後一定相信你了。那一次他沒有被炸死，他信了耶穌了，他後來做見證了。上帝有時候把我們帶到一個環境當中，叫我們沒有法子能夠做什麼，我們失去了對自己的依靠，自己根本是不可以依靠的。我們失去了自己的驕傲，我們謙卑下來，我們無依無靠，我們就到上帝面前來呼求說 ：“上帝救我！這個事情只有你有辦法。”

上帝的話不僅僅是要救你脫離那個環境，上帝的話就是“當信主耶穌，你和你的一家都必得救” 。換句話說，你要先接受耶穌做你的救主，上帝才會說拯救你。所以，上帝把我們帶進一個苦難的環境當中的時候，上帝有他的美意。

那麼，保羅怎麼樣呢？保羅看見異象，要到歐洲來，沒有多少傳道的門，末了送到監牢裡去，身上被打得遍體鱗傷。但他在監牢的時候是讚美上帝，他不是祈求什麼。這點很有道理在裡面，他並不是說 ”上帝你救我啦，你醫我傷啦，上帝你早點叫我出去吧” ，他沒有。他在那裡讚美上帝，唱詩讚美上帝。他的讚美引起上帝的工作來，地就震動了。我們可以說是保羅讚美引起地震來了，我們也可以說上帝要救這個禁卒叫它地震的，這個禁卒碰到這樣問題的時候，上帝要他碰到這樣的問題，叫他謙卑的來問“我怎麼可以得救？”

我有個屬靈的老前輩陳牧師常常講一句話：他說:人的盡頭是上帝的起頭。就是我們沒有辦法的時候，上帝才來替我們做工。這個禁卒戰戰兢兢沒有辦法的時候“二位先生，我當怎樣行才可以得救呢？“當信主耶穌，你和你的一家就必得救” 。這是頭一個解釋法。若是我們認為這個禁卒他是求環境裡的得救，解決他那些問題的時候，我們就看見了上帝怎麼做工。

但是我們從另外一方面來看這一節聖經，這個禁卒是為了真的來求得救的，聖經上所講的那個得救，罪得赦免的那個得救，和上帝和好的那個得救，可能他的得救的意思沒有像我講的那麼明確，他真是能到一個地步，需要認識上帝，需要解決他的罪惡問題，解決他人生問題，假定是他的這個得救這個字是這個意思。當我們這樣問的時候，他從前沒有聽過福音，他怎麼會問“先生，我的靈魂怎麼得救？”他怎麼問的呢？我們可以說上帝做工，就是上帝做工，這個很簡單。但是上帝做工也不完全是這樣做法的。

若是我們都同一章聖經，保羅每一次在河邊上講道的時候，有個被鬼附著的女孩子在那裡叫，這個被鬼附著的人說：這個人是至高上帝的僕人，對你們傳說救人的道。這個被鬼附的人能夠見証保羅講的道是救人的道理，所以我們有的時候講，從魔鬼口裡也會說出幾句真話來的。有時候那一種講的真話還叫人找耶穌的。

我們常常看到許多教會有的牧師不好，我們說你這些不好的牧師，在台上講的道理自相矛盾。但是這個問題，牧師雖然不好，聽的人也曉得，他講的道理若是真的道理，你就應該信。所以魔鬼告訴你有一位上帝，你就不要因魔鬼講就不要信上帝。你能不能說：因為這是被鬼附的女人講的，所以保羅講的道理就不是講救人的道理了。這個女人不斷地在講這些救人的道理，上帝至高的僕人，在當時社會上的那些人呢，很相信鬼的，我們要知道這一點。因為她這個人被鬼附的講許多的話，叫人相信，所以他使女的主人就賺了很多錢，不然她怎麼會賺錢呢。那麼她所講的話，神的僕人講的道，這個話人家聽見了以後相信了，這樣的事一定傳遍全城了。後來這使女的主人轟動全城大家來反對保羅，一定把這樣的話講給大家聽了，所以在全城人當中，包括禁卒在內，已經有印象說，保羅是講救人的道理的。

若是當時候羅馬律法是很嚴謹的。我們現在的律法也是從羅馬來的，這些官長審問的時候這些都要記錄下來的，然後這一個做官長的人交給禁卒的時候，把這個案子全部的交給禁卒，禁卒就知道是怎麼一回事。要是這個禁卒腦子裡有思想這些人是傳救人的道理的，他那時候也許一點不相信，他盡他們的本分把他們關起來，把他們鎖起來，後來這兩個人不像其他犯人，在那裡唱歌。

有的注釋家講說，保羅所唱的歌禁卒聽見了，不過有一節聖經上講，禁卒可能沒有聽見。地大震動的時候，禁卒從夢裡驚醒後要自殺了，所以保羅唱歌的時候，禁卒可能在睡覺沒有聽見。可是監牢裡的那些囚犯聽見了。可能禁卒先聽見他們唱，覺得是瘋子唱就讓他們唱，糊裏糊塗就睡覺了。但是地大震動了，禁卒就馬上把保羅這兩個唱歌的人，上帝的僕人傳救恩的道理，他看見地大震動了，他就把這兩件事情合起來了，說這兩個人是真是上帝的僕人了，他真是傳救恩的道理了。他本來要死的，他以為囚犯已經走了。

後來保羅說，你不要自殺，我們大家都好好的在這裡，他戰戰兢兢地跪在保羅面前，他不是因著囚犯走了，因為囚犯都在那裡。他看見這兩個人被囚禁起來的時候，有這樣大的神蹟，地大震動的時候，覺得這兩個人不得了，一定是神人，他們是講救人的道理了。他就跪在那個地方，他說，你們講的救人的道理是什麼道理呢，我當怎樣行才能得救呢？他來追求的是屬靈的得救，因為保羅的唱詩地大震動的事情，就把保羅證明是特別的人，上帝派來的人，他有救恩的。

保羅說，當信主耶穌，你和你一家就必得救。我們從這兩個觀點來看，我們解說這個犯人他所要的得救是他從環境裡得救的，也引導那個屬靈的救恩上去，他所要的是第二個解釋屬靈的救恩，他也被引到這一節聖經去，他說“當信主耶穌，你和你的一家就必得救”最後我們的結束，這個偉大的問題的解答是什麼呢？這一個解答也是偉大的解答“當信主耶穌，你和你一家都必得救”。

保羅一針見血很簡單的說，你信耶穌你就可以得救，沒有說你先受洗你可以得救，雖然後來他是受洗了。所以你要先明白聖經，後來他信主了以後，保羅是講聖經給他聽，也沒有說你應該做個好人來愛我。禁卒他在信主以後他就表現了他的愛，給他洗傷，飯給他吃。也不說你出去先領別人來信主，你才可以得救，這個禁卒和他的一家的的確確領了一家信主。但是要緊的是什麼呢？要緊的是信耶穌，同耶穌發生關係，信了耶穌以後，學道也可以，做好人也可以，做善事也可以，受洗也是要緊的，領人歸主也是要緊的，最要緊的是和主耶穌發生關係。

所以，做基督徒是怎麼一回事呢？你同耶穌個人發生了關係，耶穌是救主，你是被救的，耶穌為你死，你接受祂的工作，耶穌赦免你的罪，你接受祂的赦免；耶穌愛你，你愛他；耶穌是主是王，你就讓耶穌做你的主做你的王。所以我們做基督徒的，我們最後一點，我們信靠耶穌，是我們個人和耶穌發生關係，我們所要追求的是得救，那得救是怎麼來的呢，就是同耶穌發生了關係。

Pleasure is from God
以神為樂
Circa 1975

詩篇 37 篇 4 節

「又要以耶和華為樂。」

吳牧師已經把下面聖靈所做的工作向大家報告過，我想大家應該很快樂。我們在洛杉磯到現在，還看到了一些在夏令會得救的人，一週有三次的聚會，禮拜五禮拜六晚上，禮拜天早上。平常還要到我們中心去，叫我們的心裡非常的快樂。我也記得頭一天開始的時候，是何等的困難，那些人是何等的不聽話，後來到了第四天，他們當中有六個人信耶穌的時候，我就快樂得流淚，我們牧師也快樂得流淚，我們心中真是充滿了喜樂！

我想到我今天要講一個道理，這個道理就是: 以神為樂。詩篇三十七篇第四節講的“又要以耶和華為樂。”我和吳牧師是一樣的，都是長老會的背景，受長老會的影響相當的多，我不是講長老會的每件事都是對的，我記得我從小就唸「要理問答」，現在長老會裡已經很少有人唸那本書了。中文名翻出來叫「要理問答」那時我年輕的時候，凡事要受洗的信徒必須要會背「要理問答」。當然，這是條件之一，還有其他的條件才能行。

有一個時期我病得很厲害時，以為自己就要死了，就開始想到人生和人死的問題。到底人生的目的是什麼？當時有個女傳教士到我房間裡來，我就問她：“基督教的人生的目的是什麼？”她沒有正面回答我，而是問了我一個問題：你不記得「要理問答」頭一個問題的答案嗎？她一問我就記得了，那個問題是“人生最主要的目的是什麼？”答案就是「人生最主要的目的是榮耀上帝，永遠以上帝為樂。」

我想我們教會裡有兩三種人，一種人是信耶穌求平安求喜樂的，另外一種人信耶穌後是要遵行神的旨意替神做工的，當然，有人是兩個都要的，這個不太多，我的經驗是先注意到以上帝的工作為主遵行神的旨意，並沒有想到快樂方面是怎麼一回事。慢慢發現在我的靈性經驗上也應該追求在主耶穌裡面的喜樂。這是以神為樂這方面的生活。所以我現在一方面是要榮耀上帝，一方面也要以神為樂，兩者當中也有相互的關系。今天我就跟大家講基督徒怎樣過一個快樂的生活。

講到快樂這個字，很難下定義的。有一個字典裡面解釋說“我們的裡面得到某一種的滿足我們心裡有所願而所心願的事情得著滿足所產生出來情緒的狀態，就叫做快樂或喜樂。”這個平安喜樂是我們要了解的，要清楚的，是我們心理上情緒上的一種狀態。這種狀態是從外面某一方面刺激而來的，或者我們裡面本來就有一個刺激，我們思想上或外面的刺激，這種刺激臨到我在我的情緒上產生一種滿足的狀態，覺得心裡很舒服，那一種狀態就是喜樂。

聖經裡講的喜樂分為三種，這不是我發明的，這個是一個神學家講到基督教的倫理學時特別提出來的。第一種是從身體方面刺激得到的滿足，與身體有關係的，這種滿足有的是很好的，比如我們歡喜呼吸新鮮空氣，或者我們去迪士尼樂園坐迪士尼車子，或者我們打完球洗個澡覺得身體很快樂，或者我們累了去睡覺身體覺很快樂，或者我們吃個飯吃的很快樂，這是身體上的滿足。

有一方面是對的，是上帝要我們有的，可是有一方面身體的喜樂是錯誤的，就是摩西他要離開法老的王宮，不願意享受罪中的快樂。這一種快樂，是世界帶著犯罪的，比如一個人去歡喜吃一種毒品，吃後他的身體得到一種感覺，這是錯誤的，有一種人喜歡跳舞，喜歡謊言，喜歡男女間非法的舉動，這種身體得到某一種的刺激，認為是快樂的，這就是罪中的快樂。

比如有的美國人看到青年人去殺人，苦待一個人末了把他殺了，他就得著一種刺激興奮，看那個人沒死之前臉上的表現，他心理覺得快樂，所以很多的事情是罪中的快樂。這就是聖經所講的肉體的邪情私慾得到滿足了，是身體方面的生理方面邪情私慾方面的快樂這是罪中的快樂。

第二種，是我們生活方面得到一種滿足和平衡，比如，我們不愁穿不愁吃，有妻子有孩子，有好房子和好汽車，這會給我們精神上的快樂，這種快樂是有的，有一些人是在這方面得著了快樂。這種快樂還包括了我們一些精神上的快樂，我們若我研究科學或讀文學我們從我們讀的書裏面我們所學到的這方面得到很大的喜樂平安和一種開心。

我記得羅素寫了一篇文章說，他說他不是基督徒，原故是說基督徒所得的喜樂，他從研究科學他可以得著，用不著信上帝，他研究科學就得著了精神的滿足。有這種精神滿足有一些是好的，我喜歡古典音樂，我不是音樂家，我也不反對人家聽爵士樂，但是爵士樂給我們的是一種興奮一種刺激，古典音樂給我們一種安靜一種深層的喜樂，引起我們裡面反應不同的。所以在念書或聽音樂，給我們一種平安快樂，但不是長久性的。比如我們今天有吃有穿，我們得到一個學位，有房子住，就覺得好了，像聖經裡說的那個財主一樣，他收了很多庄稼在倉裡面，然後對他的靈魂說：靈魂啊，你可以安安逸逸了，上帝對他說：“愚昧的人啊，倘若我今天取了你的靈魂，你會怎麼樣呢？”

我們發現世間的一切都有很多問題，一個人以唸書為樂，以研究科學為樂。研究科學的人會告訴你，研究裡面會有很多的苦悶。那些音樂家賺了很多錢的，唱歌時很快樂的，你真正進入他的生活他是很苦惱的。我認識很多音樂家，大部分都有很壞的脾氣，容易發脾氣，很古怪。他們沒有什麼快樂的，從世界上我們得不到什麼快樂。所羅門王哪方面都有，肉體的刺激方面，他大小老婆有幾千，他的錢財多得不得了，是世界上最有錢的人。學問方面，示巴女王因他的學問都來朝見他。最後的結果他卻說：“虛空的虛空，凡事都是虛空。”從世界上是得不到真的快樂的。

最近我同一個青年人講道，我坦白說同我一個兒子講道，他和我講了一句話，他說我曉得現在世界上的事情不能叫我滿足，我為自己定了一個目的，在十年之內我一定要達到那個目的，那是他最大的目的。他是全美國最前面的百分之五，畢業時成績非常高還沒有畢業前半年前就找到工作了，畢業做事三，四年了，就做到最高主管。他自己管一個部門他說，我的目的達到了，我達到了這個目的後心裡還是空的，非常不滿足。

我問他今後怎麼樣呢？他說我頭一次為自己訂了一個目的，我用十年的時間達到了這個目的，但目的是空的。我要不要再在下十年在我自己訂一個目的？為什麼拼命去作，到時候還是得不到快樂呢？今後二十年、三十年、四十年一訂還是空的，我說還是不要訂了，免得一訂還是空的，所以他覺得他需要主耶穌基督。

我說，你講的這句話比所羅門還要聰明，所羅門到臨死時才覺得“虛空的虛空，凡事都是虛空”，以前是錢上還要加錢，女人外還要找女人，榮上還要加榮，到最後，才知道虛空的虛空。我對這個年輕人說，你比所羅門有智慧，你一次經歷後，就知道世界不能滿足你，就知道找耶穌找上帝。

第三種快樂就是以上帝為樂，就是上帝成為你喜樂的來源，上帝成為滿足你的對象，這就是基督徒喜樂的來源。不是我們肉體需要的，我們的吃穿，睡覺，呼吸新鮮空氣，運動等，不是以那個為目的快樂的刺激。也不是以世界上的財寶，世界上的地位來滿足，我們的滿足是以上帝來滿足。讓上帝在我們裡面產生一種滿足的狀態，讓上帝本身在我們裡面成為一種快樂，這件事情與我們所訂的標準有關係。

聖經說，以耶和華為樂，意思就是當上帝為我們的快樂，所以我們外面快樂的標準、來源和刺激是我們自己定的，就是我們自己評價的關係。一個人受她父母刺激或社會環境的影響，以為有錢就好，他就拼命去賺錢，以為有了錢之後，她就是快樂的。

從台灣來的我們的弟兄姊妹們，可能父母從小就就講，要得博士要到美國去，腦子裡面就是生活要賺錢，他以為這就是他最大的喜樂，以為什麼問題都會解決了。我不反對每人得博士，我盼望每個基督徒也都得到博士。但是，不要以那個為你的標準，或者以那個為你的價值評價的標準。我們評價的時候以什麼為標準呢？應該以屬靈的，以上帝為標準，我要去認識上帝，要去親近上帝，要與上帝有交往，我要去與上帝有密切的交通，要遵行他的旨意，我要去了解他，與他同行。那麼以這個作為你的標準，別的事情也要，吃飯睡覺，做學問，可是你定出的標準要以上帝來做標準。

我們傳道人有時候也犯這個毛病，我們說上帝是我們喜樂的標準，但我們看見一個人有錢了，就把他捧上天。一個人有錢，但沒有和上帝發生關係有什麼用呢？你知道錢是他的累贅，為什麼還要看重他，恭喜他，去捧他，叫窮人坐在旁邊，叫有錢人坐在高位上呢？這個標準是錯的，要看他同上帝的關係怎麼樣的。教會裡面，宣傳什麼人來講道了，某某博士來講道了，當然那是好事，但不是最要緊的事情。要緊的是這個人得到的滿足是不是來自上帝方面　。這裡我們就明白了，要以上帝為我們的滿足。

大家都曉得，腓立比書是講喜樂的一本書，全書都是講的喜樂。在第四章保羅說：“我知道怎樣處卑賤，也知道怎樣處豐富，或飽足或飢餓，或有餘，或缺乏，隨時隨在，我都得了秘訣。我靠著那加給我力量的，凡事都能作。”保羅沒有把有沒有錢作為他喜樂的標準，有錢也好，感謝上帝，沒錢也好，也感謝上帝。順利也感謝上帝，不順利也感謝上帝。人家贊成你，你也感謝上帝，人家反對你，你也感謝上帝。一切都已上帝為你的標準，這就是保羅在監牢裡寫這封信的意思。

寫這封信時他在監牢裡，他在監牢裡寫信給那些不在監牢裡的人說：“你們要喜樂，要靠主喜樂，凡事都喜樂”。我們以上帝為喜樂不會有罪的，因為上帝是無罪的。上帝是不會改變的，不是今天這樣明天那樣。有的夫妻今天明天很好，過不多久要離婚了，人的愛情會改變的，上帝的的愛是不會改變的，上帝是永久的，上帝是全知全能的，祂知道什麼是為我們最好的，所以我們是用不著憂愁的，我們是永得著那種快樂，所以我們在主裡面的快樂，與耶和華為樂，是我們得到的最大的快樂，真的快樂。

聖經上有兩個地方，我要提出來，哈拿祈子，以利說他喝醉酒了，後來神給他一個兒子，叫撒母耳。你可以看到她以前沒有兒子，她丈夫有兩個太太，那個太太在羞辱她，她就不吃飯很難過。丈夫對她說：妳何必哭呢？有我不是比十個兒子更好嗎？我多年前唸聖經唸到那裏時就有個禱告，我能不能對上帝說：上帝啊，有你比全世界都好！有兒女也好沒兒女也好，有錢財也好沒錢財也好，只要我有你，比什麼都好！這就是最大的區別，你自己怎麼看，你把什麼當做最重要的。

還有一個人，財主和拉撒路，拉撒路沒有吃，沒有穿，也沒有朋友，拉撒路死在前面，拉撒路先死財主後死，但拉撒路到了上帝那裡去了。我常常想，這絕對不是有錢的問題，好像是沒錢的都上天堂，有錢的都下地獄了。像共產黨的看法，無產階級都上天堂了，不是這個樣子。他的名字有很大一個秘訣，財主是沒有名字的，拉撒路是有名字的。拉撒路的名字意思就是“上帝是我的幫助”這個人從世界上來講，什麼都沒有，他說只有上帝，上帝是他的幫助，這就是拉撒路的精神，也就是主耶穌的精神，他在世界上什麼都沒有，因為他有上帝。

我們有了上帝以後，我們什麼都能得到滿足。今天我同許多年輕人講這個信息，可能有許多人暫時都還不了解，因為我們年輕人都為自己立了一個價值的系統評價的標準，什麼都不管他，得到這個一切都滿足了，現在我們就要想一想，我們是基督徒，那些東西是不是應該做我們優先權最後的目的？這些東西是不是最後能給我們真的快樂，是不是應當以那些東西為我們的快樂？一個基督徒只能做一件事情，以耶和華為樂，以上帝為樂。我就想起要理問答那句話了，人生最主要的目的是什麼，榮耀上帝，永遠以神為樂。這就是我們基督徒人生最要緊的事情，祝大家平安！

Happy Life 1

快 樂的人 生 第一篇 ---怎樣快樂

Circa 1975

今天的經文是在基督教聖經新約全書，希伯來書第 11 章第 23-26 節：「摩西生下了他的父母見他是個俊美的孩子，就因著信把他藏了三個月，並不怕王命。摩西因著信，長大了就不肯稱為法老之女。他寧可和神的百姓同受苦害，也不願暫時享受罪中之樂。他看為基督受的凌辱，比埃及的財寶更為寶貴，因他想望所要得的賞賜。」以上所讀的經文是我們今天講題的出處。

天下沒有一個人是尋求痛苦的，大家都是尋求快樂，因為快樂是人人所需要的。多少人以教人快樂為職業，多少人以研究叫人快樂的方法為學問，多少哲學家以快樂為他們哲學的第一原則，宗教家皆自稱有叫人快樂的訣竅，但有多少人真正找到了快樂呢？

我們要知道怎樣快樂，必須先知道什麼叫做快樂？這個問題似乎很簡單，但實際上並不簡單。我們查一下字典，我們就知道學者們對於"快樂"這個詞下的定義是何等的繁多！並且各執己見，莫衷一是，我今天提出一個較淺顯的定義來，就是"快樂"是一種愉快、舒適、享受、滿足的心理狀態。我在全文論快樂的人生的信息中，都是以這個概念為出發點的。

（一）快樂的產生

第一、我們先討論快樂的產生。快樂既是一種舒適愉快，享受滿足的心理，就必需要一種或多種的因素來刺激人的心理，而後才能產生這種快感的狀態。有人以飲酒為樂，因為酒的刺激，可以產生一種舒適的感覺。至少也可以叫他暫時的忘掉憂愁。有人喜歡跳舞。因為在音樂的旋律中，他手舞足蹈，尤其是與異性共舞的時候，他會有飄飄欲仙的感覺。有人既不飲酒也不跳舞，就是愛錢。耶穌有個比喻說：有一個財主田產豐盛，有許多財物，可做多年之用。然後對自己的靈魂說，靈魂哪，只管安安逸逸的吃喝快樂吧！這個財主的快樂是從財物來的。

我們的快樂既然必須要由另一個刺激而來，我們就得問問那一個刺激的性質，正當的還是不正當的呢？有利還是有害呢？是道德的呢？是罪惡的呢？尋求快樂的人不能置這些問題而不問。

聖經上說到摩西，以一個亡國而又為奴隸的青年，竟成為埃及國王女兒的兒子，有勢有財，有聲有色。可以縱酒放蕩，可以作威作福，還有榮登王位的希望。但他不願意享受罪中的快樂，不肯稱為埃及王女兒的兒子，他的快樂是什麼呢？是與他亡國的同胞，作奴隸的人們一同受苦。他看這樣的苦是為同胞受的，是為上帝受的，是為基督受的。雖然是受苦，實則是一種快樂。今天，有多少的人是追逐在酒色名利之中，而不知道他們所得著的是罪中的快樂，而沒有在犧牲自己服務人類之中。也沒有在跟隨基督的十架道路上，得著真實的有意義的快樂。

（二）快樂的時間性

我們已經說了，快樂是一種愉快、舒適，享受、滿足的心理狀態，這種心理狀態有時是暫時的，有時是比較長期的，也有的是具有永久性的。前一些時有一個人偷了一張信用卡，大買特買名貴的衣服，開豪華的汽車，住堂皇的飯店，吃珍貴的食品。他真是盡情享受了，快樂了。但不出一個月，他就被警察逮捕下到監獄去了，他這種快樂，不但是違法的，也是短暫的。

不過，說到長久的快樂，是多長的呢？一天？一月？一年？十年？一生？我們上面說過的那個無知的財主，他的田產豐盛，又是豐收，原有的倉庫不夠堆積，他就翻蓋原有的倉庫擴大堆存的容量。他計劃的時候，心裡得意忘形，就自己對自己的靈魂說：靈魂啊，我有的是錢，只管安安逸逸的吃喝快樂吧！這個財主真正的無知，他沒有想到，上帝在對他說：無知的人哪！今夜必要你的靈魂，你所預備的要歸給誰呢？這個財主只知道暫時的享受，而忘了永恆的價值。

現在的人大都是抱著“今日有酒今日醉，明日愁來明日當”，這種人表面看去，好像是瀟洒脫塵無憂無慮，但人總有個今日與明日，有個現在與未來，今世與永生，人為什麼不求永久性的快樂呢？

（三）快樂的基礎

我們已經幾次講過快樂是一種愉快、舒適，享受、滿足的心理狀態。我們也說過這心理狀態，是由種種心理因素產生的。

現在我要說的，是產生快樂心理狀態的種種因素，他們的可靠性，就是快樂的基礎。若是虛幻的。是有腐爛性的，就是不健全的，是會崩潰的，那麼，他們所產生的快樂也隨著他們而是虛幻的，腐爛的，不健全的。會崩潰的了。

舉個例子來說，以色列國的所羅門王，貴為一國之君，富有四海，妃嬪數千，婢僕無數，並且國運亨通，天下太平，是以色列國歷史上空前絕後的盛世。人總會以為他是快樂的吧？哪知不然。他在晚年寫了一本書，名叫「傳道書」。他說：金也空，銀也空，凡事都是虛空，並且是虛空的虛空。他認為金錢富貴轉眼成空，如飛而去，並沒有叫他快樂！

現代的人，還不是一樣嗎？我們總以為有財產，有名氣，有地位，有兒女，有朋友，我們就快樂了，但事實如何呢？這些東西變成了重擔，變成了苦海。所追求的快樂，不過是海市蜃樓，捕風捉影，可望而不可及。但人的心總是不能覺悟，一代一代的，一個一個的人，仍是用這些東西來欺騙自己。基督教認為上帝是絕對的，最高的，最深的，最信實可靠的。建立在上帝身上的快樂，才是穩固的快樂！

總結的說：快樂是一種愉快，舒適，享受，滿足的心理狀態。基督教所貢獻於人類的，是藉著信仰基督、以上帝為產生人類快樂的因素，快樂終極的秘訣，就是在此了。摩西在罪中的快樂，與為基督受苦兩者之間，他揀選了為基督受苦，這才是真快樂哩！

Happy Life 2
快樂的人生 第二篇 ---肉體的快樂

Circa 1975

我們的總題是快樂的人生，今天的分題是全文的第二篇，題目是肉體的快樂，我現在要引基督教新約全書的彼得後書第二章第十二節的前段：「但這些人好像沒有靈性，生來就是畜類，以備捉拿宰殺的------」，第十三節又說，「這些人喜愛白晝宴樂，他們已被玷污，又有瑕疵------」第十四節也說：「他們滿眼是淫色，止不住犯罪」，第十九節又說：「他應許人得以自由，自己卻作敗壞的奴僕------」。聖經讀到這裡為止。

現在我開始今天的信息，上次的廣播我們曾經替“快樂”這個名詞，下了個定義，“快樂就是一種愉快舒適，享受滿足的心理狀態”。這種心理狀態是由某一種或多種的因素產生的，我們可以從快樂所由來的因素將快樂分為幾種類，今天，我們是研究肉體的快樂。

肉體這個名詞，在聖經習慣的用法，有時是指著有血肉之身，就是平常人所說的身體。有時是指著人類傾向罪惡的天性而言，就是聖經所說的情慾。在本文所用這個名詞的時候，是指著身體而說的，就人的身體而說，自然有它的需要。古人有話說：“食色性也”。現代的人都承認人類有兩種基本的要求。第一種要求是「自我生存」，第二種要求是「種族繁殖」。「自我生存」的表現就是吃飯，也就是一般人所說的“飲食”，「種族繁殖」的表現，就是「性的要求」，也就是一般人所說的男女的問題。飲食男女是人類生存的基本條件，是上帝造人類，造男造女的時候，賜給人的權利和義務。基督教並不否定這兩種要求，也不以為他們本身就是罪惡。不過，基督教對於肉體的快樂也有些具體和深刻的標準。現在簡單討論一下。

（一）肉體快樂的地位

我們首先要問肉體的快樂在一個人的生活中，佔據了怎樣一個地位？是生存的目的呢？還是生存的條件呢？人不吃飯就會餓死，人要生存就要吃飯。吃飯是為了求生存，生存不是以吃飯為目的。人類要求生存，就必得要男女結婚，生兒養女，代代相傳，才會有人類的存在。大家都不結婚，就沒有下一代，人類就滅了種。基督教相信上帝造人類的時候，是造男造女，男女相愛結為夫妻，二人成為一體。上帝眼中看為美事，所以性的要求，本身不但沒有錯，還認為是神聖的，這是基督教的特點之一。

但飲食男女雖然是人的天性中，自然的要求，並且也是上帝所造的，卻不當以它為人生的目的，人生是以飲食為終極的目的嗎？是以“男女”為人生最重要的問題嗎？要知道“飲食男女”也是一些動物共同具有的天性，動物除了“飲食男女”之外，也是無所事事。沒有目的，沒有意義的人生若是僅僅以“飲食男女”為目的，也不過生活在動物的水平線上，所以聖經彼得後書第二章第十二節說：“這些人，就是這些除了飲食男女，別無目的的人，他們的生活就像動物的生活，是沒有靈性的動物生活”。

（二）肉體快樂的限度

天下事都有他們的限度，像飲食是生存需所必須的，但飲食過度，可以叫人生病，而至短壽。飲食過度注意享受，可能是奢侈揮霍，有害於家產社會。男女的關系有正當及不正當的區別，有合理及縱情的不同，有安定社會和有傷風化的影響。所有“飲食男女”雖有他們的必要，但必須適可而止，有一定的限度。

今天有很多青年強調“獨立思想”，“自由行動”，“道德相對”種種論調，用這些名詞做藉口，做外裝，實際上是容讓“飲食男女”兩種動物性的本能，沒有限制的發泄，好像已泛濫的洪水一樣。這些人自以為是自由的，他們是做了情慾的奴隸，一發而不可收拾，想懸崖勒馬也不能夠，這就是彼得後書第二章第十九節所說：“他應許人得以自由，自己卻作敗壞的奴僕”。

中國有句話說：“飽暖思淫欲”，我住在美國二十年，深深體會這句話的準確性。美國這個富裕的社會，在男女的風氣上，性的道德已經到了崩潰的邊緣，我們今天的中國，在經濟上已經成為東南亞第二位的國家，人民豐衣足食，有汽車擁擠在馬路上，飯店酒館充滿了顧客。看樣子很有可能走上奢華宴樂放縱情慾的道路。這是在發展中的國家所必遭遇的問題。

（三）肉體快樂的性質

今日社會學和心理學發達於一時，我們研究問題往往只是分析一個問題的社會因素和心理動機，我們對於在問題中的人物只是就他的利害加以剖解加以對導，很多的人避免老學究，舊禮教古古板種種稱號，不肯以道德的標準，向今天的社會挑戰。今天需要加多的發揚善與惡，是與非，好與壞，道德與不道德的概念，和轉變的社會相配合，否則，社會就不堪設想了。

所以，我們對肉體快樂的性質，要以道德的標準加以評價，我們不是說肉體的快樂完全是罪惡的，加以擯棄，變成了禁慾派。我們已經說了，在本文中，我們用“肉體”兩個字的時候，是指著“飲食男女”而講的，由“飲食男女”而來的快感享受，可以說就是肉體的快樂。

無疑的這種肉體的快樂，有些是中性的，就是與道德無關的，有些是道德的，有些是違反道德的。道德是一個民族國家存在的基本條件，是人類發自良心的要求，是中國文化的傳統，是上帝道德律的運用，這是科學發達、道德崩潰的人類，面對的最大危機。

我們的結論是：今天世界的大勢，是以發展經濟、提高物質生活準為大前提。這當然是針對過去的飢饉、貧窮而發生的反應。我們不但不反對，而且認為只要是方法合理，還是必要的。但是於富裕社會俱來的種種問題，我們也不能不加注意，所以道德的建立是當今的急務，而我們基督教在這方面，會有重要的貢獻的。

Happy Life 3
快樂的人生 第三篇---精神的快樂
Circa 1975

約翰福音 4 章 13-14 節

耶穌回答說：凡喝這水的，還要再渴，人若喝我所賜的水就永遠不渴。我所賜的水要在他裏頭成為泉源，直湧到永生。

我以「快樂的人生」為總題，已分別講過怎樣快樂及肉體的快樂兩個分題。今天的分題是「精神的快樂」，我也為快樂下了個定義，就是愉快，舒適，享受，滿足的心理狀態為快樂。那麼，從刺激精神而產生的心理狀態，謂之精神快樂。精神的快樂與肉體的快樂有不同的地方，值得我們研究一下。

有一個人喜歡去舞廳去跳舞，到妓院宿娼。另外有一個人喜歡去海上釣魚，到山間去野餐。這兩個人各得其樂，但這兩個人的快樂在本質上有大大的不同。

一個人心緒不寧，愁容滿面，就去酒店飲酒，飲得醺醺大醉，顛顛倒倒的走回家去，大睡一覺，第二天頭昏腦漲，暫時的忘記了他的憂愁。另外有一個人也有煩悶，但他去赴了一個音樂會，靜靜聽了古典音樂，或者參加一個合唱團，唱了一個痛快。兩個人都在克服他們的憂愁。但所得快樂，卻也有大大的不同，藉著這兩個例子，我們已經看出肉體的快樂和精神的快樂是怎樣的分別。

照一般的說法，有所謂的低級的興趣和高級的興趣，精神的快樂是屬於高級的，一個詩人可以遊山玩水，把他的精神寄托在自然界的美麗上，他自有他的快樂。一位科學家，整日埋頭苦幹做實驗，寫論文，消磨他的光陰在實驗室裡，自有他的快樂。一個讀書人瀏覽中外圖書，通今博古，有所謂秀才不出門全知天下事的氣概，他也有他的一套快樂。這些都是精神的快樂，都是高級的興趣。

我們大家都承認精神的快樂高於肉體的快樂，我們也承認肉體的快樂應當有某一種限度，超出限度，就變成縱慾了。精神的快樂是沒有限度的，我們可以儘量的提倡，也不會成為過份，甚至有人提倡精神快樂可以怡情悅性，解決人生問題和社會問題。也有人簡捷的提倡以美術代替宗教，以音樂代替宗教，在此看來，有些人對於精神快樂的重視。

從基督教看來，精神自有其地位，也理應加以提倡和鼓勵，基督徒自己也當有文學，科學，美術，音樂的修養，藉此可以欣賞人類優美的文化，精神上也可以深得快樂。

我們從歷史上也看得到基督教的教會，一向是文學，科學，美術，音樂的保存發揚，傳播的中心，這証明基督教對生活的重視。但我們認為精神的快樂，不能代替宗教，以這種代替來了解宗教人生，社會問題，未免太牽強了，我的理由是這樣的：

第一、世上的事物，沒有一樣不是有利的，也有弊的，給人快樂的事物，同樣也會帶來痛苦。比如說一位科學家埋頭幹他的實驗，固有他的快樂處，但同時也不免有他的痛苦處。也許他做的實驗不是他所愛的那一門。也許他有經濟上的困難，也許牽涉了許多人事糾紛，也許不滿意他的職位。人若以為科學家能從他的試驗中得著完全的快樂，豐滿的快樂，這是不符合事實的。

第二、一個人尋求精神的快樂，也許他在逃避現實，不去解決實際的問題，而在遮蓋痛苦。一個遊山玩水的詩人，可能是失戀的愛人，可能是個下野的政客，可能是個不滿意的學人，他們滿腹牢騷，怨天尤人，無處發泄，他們就去旅行種種花吧，寫寫字吧，畫幾張畫吧，唱幾句京腔吧，看上去好像是與世無爭的高人，他們的隱士生活，卻也減少他們的痛苦。但他們的痛苦，也是隱痛在心，仍未消滅。

第三、一個人總有人的問題，人的問題沒有正面加以解決，總不會有真正快樂的。美術家是一個人，詩人也是個人，音樂家也是個人，科學家也仍然是個人，是人總會有人的問題，他有物質生活的問題，他有戀愛和家庭的問題，他有人事磨擦的問題，他有個人事業的問題。他從美術，音樂，科學所得到的快樂，並不能解決他的種種問題。所以，精神快樂雖是高尚的，也是確實的，但用來解決人生，確是有限度的。

第四、人有是非之心，良知良能和一般人所說的良心，這皆都是事實上存在的。人對自己會有自責，對自己常感不滿，使人漸漸形成罪惡感，罪惡感叫人心中有莫名奇妙的痛苦。有人以心理學來分析，有人以理論來騙騙自己，罪惡感仍在心中作祟。這種罪惡感不加解決，只是用美術，音樂，科學來造成快樂的氣氛，不過是摸到了皮毛，沒有摸到根源。有些像“隔靴搔癢”的樣子。由此可知，精神快樂，不能解決罪惡問題。

第五、精神快樂，不能解決人與上帝的關係，人有生，就

會追尋人生的意義，人會死，就會問死到底是什麼一回事？人類生活在宇宙間，宇宙從何而來，人在宇宙中佔據怎樣一個地位？人是否有靈魂？人的靈魂是否不滅？宇宙間有沒有上帝？若是有上帝，我與上帝有何關係？人類的社會終結如何？世界上的是非善惡是絕對的？是相對的？我是不是要有道德修養？社會的罪惡如何挽救？自稱改革社會的人，他們本身的道德，如何修養？在人類之上有沒有一位主宰來支持我們這弱小的人類？這些都是生活中所必會發生的問題。這些問題，不是從文學美術，科學所得的快樂所能解決的，這些是哲學問題，是宗教問題。

總結起來，快樂是人人所尋求的，精神的快樂是高尚的，是高級的，但我們不能忘記，精神快樂雖好，但有些問題，不是他能解決的，我們應當更進一步，追求到宗教裡來，相信基督就會得到快樂的源泉。耶穌說: 「凡喝這水的，——這水是指著世上所能給人的快樂——凡喝這水的還要再渴——再渴是心靈不能永遠滿足。人若喝了我所賜的水——耶穌所賜的水，就是天上的生命，這天上的生命，就是永遠不渴的生命，要在他裡面成為源泉，直湧到永生」這就是說永遠的快樂。

Happy Life 4
快樂的人生 第四篇---屬靈的快樂
Circa 1975

腓立比書 4 章 4 節。

你們要靠主常常喜樂，我再說你們要喜樂。

我們已經講過，快樂是一種愉快，舒適，享受，滿足的心理狀態。我們也講過如何得著快樂，我們論及肉體的快樂和精神的快樂。今天是本文的最後一篇，題目是 ：屬靈的快樂。

要明白屬靈的快樂，必先要知道什麼是屬靈。基督教的聖經說，一個人是三位一體的，他有靈魂體，三者合為一，成為一個人體，就是血肉之身體，就是生理學解剖學的對象。魂就是心，就是一般人所說的精神，是心理學的對象。動物和人皆有身體，動物和人皆有魂，魂就是感情思想，意志所在的精神境界。動物的心，就是心理學的心，是有限度的，是本能性的。

人的精神比動物強得多了，人有特別發達的思考力，有表達思想的語言，有許多特點是強過動物的。但基督教看來，使得人與動物有質的分別的是人類具有靈，是動物所沒有的。靈是良心，直覺，交通的所在。良心有道德感的內心動力，直覺是一般人所說的良知，交通是人與上帝之間彼此感受的作用。基督教在與人類有關時用“靈”這個字的時候，就是指著這個意義說的。

那麼，什麼叫做屬靈呢？就是有關人類的良心，直覺，與上帝交通而說的，我們所說的屬靈的快樂，就是人在良心上，直覺上，與上帝相通上得著了快樂。現在我將屬靈的快樂稍微解釋一下。

（一）良心的快樂

人人在良心發現的時候，都會有自己責備自己的罪惡感，人從心底深處感覺自己的罪愆。有人在青年時代胡作非為，有人在成人的時候損人利己，有人犯案謀殺，有人賣國賣民。這些人中，有些發生了懺悔的念頭，於是做些好事善舉，像修橋鋪路，服務社會，慷慨捐輸，以求將功贖罪。或者去研究哲理，皈依某種宗教，以求超脫。但這些善事，哲理，總不能將心裡的污點除去，虧欠的感覺仍然存在。比較現代化的人，會去與精神病專家協助，以良心的責備為精神病態。往往破壞道德的標準，以賄賂良心。

但基督教所貢獻的，是高舉耶穌基督為人的罪，死在十架的事實，人若要接受他做救主，上帝就必赦免信者的罪。說起來奇妙得很，接受耶穌作救主以後，良心就平安了，罪惡就解脫了，這就是新約聖經希伯來書第十章第二節所說的 ：禮拜的人良心既被潔淨，就不再覺得有罪了，人不覺得有罪，自然是快樂的了。

（二）交通的快樂

我們已經在前面說過，基督教所說的交通，是指在人的靈裡有與上帝互相感受的作用，基督徒是有一種神秘的經驗，就是他的心靈與上帝的靈，能有契合的作用，有交流的感應，有心靈與心靈相通的靈感。這些是每一個基督徒可以見証的，我也可以說，沒有這經驗的，不是真正的基督徒。

“人是社會的動物 ”，這是亞里士多德所說的一句名言。也有至理，人不是一個孤島，不能單獨生存，所以，人必須要有朋友，有伴侶，有社會，才會快樂。男女之間也有異性相吸的定律，青年必須要尋求對象，要戀愛，要結婚，才能心滿意足。

同樣的，也是同時的，人的靈必須要找到上帝的靈，與上帝的靈相通，才能找到靈的快樂。人的靈找到上帝，好像遊子回到了甜美的家園，也像嬰兒回到母懷，溫暖的愛的母懷。基督教的聖經，將人比作迷失的羊羔，在山邊野草裡哀鳴呼救，牧人來了，將羊抱回羊圈，羊既安心，牧人也喜樂 。耶穌基督就是好牧人，好牧人為羊捨命。為的是要迷羊回圈。迷路的人們，回到天父面前，與祂有密切的靈交，是人生最大的快樂。

（三）為善的快樂

中國人有句古話說“為善最樂”，這句話是最有意義的。一個人不但要避開罪惡，求良心的平安，更要積極為善，為善是在道德上的創造，盡職是人生的義務，犧牲是最偉大的行為。求別人的幸福是父母的心腸，這樣的為善帶到心中的快樂，比肉體的快樂，精神的快樂有質的不同，高貴而又超越得多了。

讀到為善的快樂，基督徒與一般人的見解都是一樣，但基督徒的為善另有更深的意義。我們相信宇宙間有自然律，這是科學家所研究的對象，我們也相信宇宙間有道德律，比起自然律來，對於我們人類的幸福快樂，更屬要緊，基督教稱這個道德律（也有人稱之為道德的秩序）為上帝的旨意，上帝對宇宙的計劃。所以，人的為善，實在是有份於上帝的旨意，做成祂的工作，達到神人合一的表現。到了這種程度，人還能不快樂嗎？

結論: 我在此要做個結論，今天沒有幾個人是真實快樂的，在工業發達的國家裡，在富裕的社會裡，在落後的民族裡，在貧窮的人民裡，有哪些人是得真快樂了呢？我們不是要以宗教來麻醉人心忘記現實的問題，但我要問那些自以為問題已經解決了的社會中，哪裡又有快樂可言？

聖經說你們要靠主喜樂。我誠懇的說，真的喜樂是從主耶穌基督而來。

Stephen and Christ
司提反與基督
Circa 1976

經文: 使徒行傳第 6 章 8-15 節　使徒行傳第 7 章 54-60 節

我們教會中有句話是大家所熟悉的，救恩是用耶穌的血所寫成的，而教會的歷史是由聖徒的血而寫成的。但值得予以重視的是司提反的血是血寫教會歷史的頭一頁筆，故我們可以說耶穌成就救恩的血與司提反開始寫教會歷史的血，是串連而不可分的。若司提反的事件是記錄在舊約裡，則他的死乃耶穌之死的預表，就像羔羊的血和牛的死沒有兩樣。但因司提反是死在耶穌之後，故他的死則表徵了耶穌之死的再生。因為一位信徒的死與耶穌之死，有時甚至是密切而不可分割的。

耶穌基督曾曉諭眾民，若有人要跟隨我，就當捨己，背起他自己的十字架來跟從我。許多人讀這節聖經時，總以為十字架只是象徵我們人生路程中所遇的種種坎坷遭遇，固然這想法未嘗不可，但不夠積極的將肉體釘在十字架上，即身軀為上帝殉道，不惜付上任何代價，甚至流血，也在所不惜。

現在我們比較司提反與主耶穌，則不難看出有許多相同點，但不可混淆的是耶穌與司提反不是同一個，且一位是神的兒子，另一位是人，再者主耶穌之死，為我們成就了救恩，而司提反的血並不能拯救我們，若我們明瞭了共同點，而後才可以進一步詳析共通點。

一、耶穌未傳道之前，除了十二歲曾到聖殿去的記錄之外，無從考查。而他在世工作三年左右，即被釘死於十字架且復活升天。若論及司提反，則據我個人研究，從他出來直到他死，頂多只有一年的功夫，而未做執事之前，乃默默無名，無人知曉。當他做了執事之後，就大大被上帝所使用，甚至超過了上帝所用的彼得，但僅僅一年之內，司提反就去世了，他猶如中國傳說中的彗星似的人物，其短暫與耶穌在世作工只三年相似。由此可見，人活在世上的長短不足衡量其價值，乃當視其本身活的意義。在舊約創世記提到很多人活了幾百歲，除了生兒養女，未曾替上帝做過任何一件事，故人生之價值，乃視其為上帝作多少工而定。

二 、在使徒行傳第六章，曾論及使徒們管不過事來，則建議揀選幾個人來負責，他們就可專心祈禱傳道。後人則誤解其真正屬靈的基督徒，無需做任何事，只要專心祈禱傳道為是。這想法有商榷的必要，因司提反不是做供給飲食之事嗎？但所做的屬靈的工作，在那時期，卻遠超過彼得所做。且主耶穌曾說：人子來，不是要受人的服事，乃是要服事人，且捨命做多人的贖價。故主耶穌以釘死於十字架為服事人的最完美表率，但他以五餅二魚餵飽五千人，他去醫病趕鬼，不是也做了許多俗情瑣事嗎？故一位積極屬靈的人，也不能丟棄服務的事工。

三、乃論及殉道之事，有些人平日並不愛主，遇到逼迫，即躲躲藏藏羞於露面，若不巧被捉到而殺掉，則謂之殉道。但此種殉道不是甘心情願的，必須要有殉道的情愫激之於內，而後發之於外，像司提反則可當之無愧。故一位真正殉道者，必須是一個完全奉獻的人，反之，豈肯殉道？所以當一個人決定完全奉獻，他的所思所想應該是上帝，我願把一切都交給你，甚至我肉體的生命也獻上，此生為主而活，也情願為主而死。

我個人常主領奮興會，尤其當中國共產黨，從北邊轉移至南邊時，我在許多禮拜堂領奮興會，當青年們舉手奉獻到台前，我為他們禱告時，都忍不住落下淚來。不是為他們奉獻而泣，乃哭這些奉獻者之中，有一天會有許多人會為耶穌而死。而令人慨嘆現今很多信徒不敢來做禮拜，唯恐一旦美國承認了中共，因中共會屠殺基督徒的，故現在開始消極的不說話，不反對，慢慢從教會退出，以圖苟全性命。

有人曾問：為何司提反要如此凶悍的講論？若他語氣婉轉些，豈不致招殺身之禍嗎？我的答覆是，主耶穌在世對法利賽人說：你們這些法利賽人有禍了，你們有禍了，有禍了。他的態度豈是溫柔和順的？他的責備比司提反有過之而無不及，因司提反不過是罵他們是硬著頸項，心裡其實沒有做到割禮的人，而主耶穌乃是以手指向法利賽人說，你們是假冒偽善的，你們是修飾的墳墓。當然，我不是每次為主耶穌作見証，聲調必須如此強硬。但若上帝已感動你講，你卻隻字不吐，那麼可斷言你靈性已有了問題，更遑論肯為主殉道。

我們教會的父母們，喜歡把男孩子取名叫司提反，相信世上凡是基督徒，都喜歡他們兒子取名為司提反，因何之故？難道他們希望他們的兒子殉道嗎？乃是司提反原字的本意為冠冕之意，換句話說，自己的兒子是坐寶座、得讚美、登王位、戴冠冕豈不妙哉？記得我小時代在中國大陸，那些當兵者，個個取名張得勝，那些做生意的，就都叫王發財。

而我們做基督徒的呢，可想而知為戴冠冕了。我們渴望得冠冕，此盼望原無可厚非，但要確切的認識：必須先是戴荊棘的冠冕，才能得其上帝榮耀的冠冕。故十字架的路乃是通向寶座之路的天路歷程。我們若願像司提反一樣，肯付上代價，則垂手可得其冠冕。

耶穌之名是何意思？乃是要把百姓從罪惡中救出來。而基督又是何指？即富有做王之意。耶穌為了做王，為了拯救人民，故需經歷十字架的死，其後埋葬且復活又升天。所以，我們欲得其榮耀的冠冕，就得像司提反一樣，走那十字架的道路。還有一共通點，我們應知道的，司提反是被那些司審會的人釘在十字架，審問之時，是買通人作假見証；同樣的，耶穌也是被司審的人審問，當審問之時，有許多假見証人前來，捏造耶穌所說的話，故由此處得知：真正愛主屬靈的人若被逼迫時，常會有人用假見証來敗壞他們，耶穌是如此，司提反也是如此，在馬丁路德的時候更是如此。

我們研究教會歷史可了解到，那些為耶穌殉難之人，都是被人假造一些罪名，控訴他們是異端是賣國賊，而治死了他們。為什麼呢？因為這不是審會與耶穌的關係，也不是猶太人與司提反的關係，而是人類歷史的背後，有兩種截然不同的力量在不斷的爭戰，一邊是聖靈，另一邊則是撒旦。他們表現在外的工具，乃是人，且隨時代不同而異。但隱藏於內的掌權者，卻亙古不變，換句話說，殉道者雖有成千上萬，但其後操縱者，都是主基督，所以，當教會被逼迫，信徒被欺壓之時，這是屬靈的爭戰，撒旦與耶穌，而不是人與人的表面問題。

我們基督徒活在世上，是站在撒旦那一邊呢，還是上帝這一邊？這是教會歷史的大問題。若一位真正愛主的基督徒，為了保全自己的性命，就輕易的向魔鬼投降，這是我覺得不可思議的。假若司提反那天講道，不講神的話，是否他們只是鞭打幾下，就放他走了呢？不然，試想使徒雅各，他沒有講一句話，也一樣被殺。故殉道者，不在於講話的多寡，而是憑上帝的揀選，若上帝認為你值得為祂殉道，則殉道的榮譽就會臨到你的身上。那麼，若見一基督徒殉道了，我們會不會為他感到可惜呢？

我剛信主的時候，某日與一位牧師，一位醫生共進餐，這位醫生很得意的作見証說，今天出了事，一位基督徒死了，而我的弟弟沒有死。感謝上帝，這是神的恩典。牧師馬上反問：這沒死的人要感謝上帝，那死去的人要不要感謝上帝呢？你們如何回答這個問題？是否會存疑：上帝真愛他，為什麼讓他死了呢？上帝愛他，就應該讓他不死。

換句話說，上帝不愛耶穌，所以讓耶穌死，上帝不愛司提反，就叫司提反死？我們這些活著的人，必是好人，被神蔭庇。保羅說：我活著就是基督，死了就有益處。但我情願離世與基督同在，這是好得無比的。但是為著你們，我又要活在世界上。他說：我是在兩難之間。故我們基督徒把生死全交憑仰望在神的中，全憑上帝的旨意，是生是死都當存感謝之心。

有人說，先有了司提反的禱告，然後才有掃羅的悔改。因司提反死的時候，曾迫切的為殺他的人禱告，因他的禱告，故使掃羅不能忘懷。後來在大馬色的路上，他悔改信了耶穌。聖經上有三個人是在沒死之前，求上帝不要把罪歸給那惡者。此三人是耶穌，司提反，掃羅（保羅）。

但司提反有一個大問題：主耶穌沒有升天之前，告訴門徒說，你們要在耶路撒冷，猶太全地，撒瑪利亞直到地極，做我的見証。這是耶穌的命令，但門徒們只死守著耶路撒冷，不敢越雷池一步，他們怎能到全世界傳道呢？這是司提反的問題：因司提反是那樣有能力，叫那些人辯不過他，使人深信基督的門徒是壞人，要一起來逼迫他們。他們只好逃亡，從耶路撒冷逃到猶太全地，又逃到撒瑪利亞，以致全世界了。故司提反的死，是教會傳道的轉機，並且他沒死前，曾說：我看見天開了，耶穌在世的時候，看見天開了，有聲音來，有聖靈降在他身上。他看見了上帝的榮耀，上帝把祂自己顯現給他，又看見耶穌站在上帝的右邊，這是他早死幾年所得的福份。

Youth and Doctrine
青年與教義
Circa 1979

你們要謹慎自己和自己的教訓，要在這些事上有恆心。因為這樣行，又能救自己，又能救聽你你的人。　提摩太前書 4 章 16 節

菲律賓青年福音社現已二十五年歷史了，回憶二十五年前，幾位熱心的青年工作的領袖和我共同發起福音社的工作。我當時交代很清楚，這是為馬尼拉教會而創辦的，而我本身不能在那裡負長久的責任。現觀二十五年來，福音社在各教會的領導下，各界的董事會負責指導下，許多弟兄姊妹解囊相助下，歷屆的總幹事努力工作下，社友們的不斷支持下，以致有今日的成就。想到許多社友在教會說，有專職或在職的事奉，我不能不由衷的將榮耀全歸於上帝。

福音社紀念專刊的編輯，要求我投稿以為紀念。我在禱告之中，覺得有討論青年與教義的必要。提摩太前書，提摩太後書及提多書，此三書被稱為教牧書信，是保羅以長者的地位，向年輕的同工提摩太和提多，以書信忠告。因為受信者乃是青年人，故相信內中的信念，對於青年福音社的社友，有莫大的助益。這三本書的主題是“以面對基督再來為動機”，傳講純正的道理，栽培合乎聖經的生活，以配合真道。

在這三本書中，保羅強調教會的青年人，應該有怎樣的生活，特別是在提前四章十二節至十六節，“不可叫人小看你年

輕，總要在言語、行為、愛心、信心、清潔上、都作信徒的榜樣。你要以宣讀，勸勉，教導為念，直等到我來。你不要輕忽所得的恩賜，就是從前藉著預言，在眾長老按手的時候，賜給你的。這些事你要殷勤去作，並要在此專心，使眾人看出你的長進來，你要謹慎自己和自己的教訓，要在這些事上恆心，因為這樣行，又能救自己，又能救聽你你的人。”

保羅討論地方教會的長老執事時，也特別注意他們的生活標準。並指出在教會裡，離棄真道的人會有如何的生活。這就是說，保羅認為有了純正的道理還不夠，必須以榮耀神的生活來配合。當我們講論教義的重要時，要知道教義是生活的標準，生活是教義的表現。當我們明白這點，就不致有所偏差了。

保羅在提前三章十五節說：“上帝的家就是永生神的教會，真理的柱石和根基。”教會可以從生命方面去看，就會聯想到以弗所，歌羅西講到基督是教會的頭，教會是基督的身體。若注意到地方教會的實際問題，就需讀林前林後，要想知道聖靈怎樣藉著教會做工，就得看使徒行傳。欲知教會的前途，就翻閱啟示錄。

保羅在教牧書裡，對於教會的看法是：教會是真理的柱石和根基。提前三章十六節：“上帝的家就是永生神的教會，真理的柱石和根基。”保羅告訴我們真理是什麼，教會不僅僅是領人歸主，傳揚福音，關懷社會，彼此分享等，在這些之外，教會有個更重要的使命，就是做基督的柱石和根基。

現今教會的趨勢，是教會變成了協談中心，解決心理，個人及家庭的問題。教會不過是解決疑難雜症的場所，尋求精神安慰的地方。對社會關懷發動的起點，好像教會只顧忙著應付這些問題，而忽略了一個基本的責任---做基督真理的柱石和根基。

基督的教會能解決人的心理問題，家庭問題及社會問題。之所以能產生出這麼多能力，乃是以信仰為其後盾，然後才能施展對實際生活的貢獻。基督教的信仰是什麼？如果想維持一個純正的信仰，就得把自己所信的，教導給信徒。所以在教會裡的服事上，青年的工作上，都必須注意到究竟所信為何？故保羅對提摩太說：“你要謹慎自己和自己的教訓。”謹慎自己，乃是謹慎自己的靈命和生活，“謹慎自己的教訓”乃是指謹慎他所教導人的教義。這裡牽涉到教義這個大前提了。

中文聖經在這三本教牧書裡，並未把教義完全的譯出，而英文的欽定本在提前一章十節：“行淫和親男色的，搶人口和說謊的並起假誓的，或是為別樣敵正道的事設立的”。這裡所謂的正道，乃譯為純正的教義。

提前四章一節：聖靈明說，在後來的時候，必有人離棄真道，聽從那引誘人的邪靈，和鬼魔的道理。是指鬼魔的教義。

提前四章六節：你若將這些事提醒弟兄們，便是基督耶穌的好執事，在真道的話語，和你向來所服從的善道上，得了教育。”這“真道的話語”可謂為真教義的話語。

提前四章十三節：你要以宣讀，勸勉，教導為念，直等到我來。這教導二字，可謂為教義。

提前五章十七節：那善於管理教會的長老，當以為配受加倍的敬奉，那勞苦傳道教導人的，更當如此。何為長老的工作？

就是教導教義。

提前六章一節：凡在軛下作僕人的，當以自己主人配受十分的恭敬。免得上帝的名和道理，被人褻瀆。這道理，也是指教義而言。

提前六章三節：若有人傳異教，不服從我們主耶穌基督純正的話，與那合乎敬虔的道理。所謂道理，仍是指教義。

提後三章十六節：聖經都是上帝所默示的、於教訓、督責、使人歸正、教導人學益、都是有益的。這裡的教訓，也是教義的意思。

提多一章九節：堅守所教真實的道理，就是能將純正的教訓勸化人，又能把爭辯的人 駁倒了。所謂純正的教訓，就是指純正的教義而論。

提多二章十節：不可私拿東西，要顯為忠誠，以致凡事尊榮我們救主上帝的道。也是謂之上帝的教義。

而教義在希臘原文是 Didaskalia,意思是指教導的教材和內容，而當我們研究聖經和神學的教義時這兩個字，乃是指我們教會信仰的原則，或要理而說的。把希臘原文譯為{教義}，就不難明白在神學院裡對聖經教義，教義神學用法了。若對這字了解的正確後，必能對神學院著重教義的研究，加以激賞了。在我們接觸的基督徒中，有人誤以為教義是屬知識的，思想的，而不是生命的經驗。在他們的追求中，並不將教義視為緊要，反而看輕它，這是一個錯誤的看法，也是自相矛盾的。

比如說馬丁路德改教時，天主教注重行為得救，但馬丁路德卻發現了因信稱義的教義，當我們傳福音時，我們傳恩典的福音，人本著恩因著信得救。這道理的本身，就是一種教義。也是羅馬書和加拉太書的題旨。我們追求聖潔，得勝的果效，是不能憑一己之力的，乃要靠聖靈的工作，而聖靈是藉著主耶穌死而復活的恩典、運用在我們生命中。這就是靠聖靈得勝的教義。

何謂耶穌是神的兒子？他是神最初的創造，或是永遠就是神的兒子？耶穌在世時，是完全的人？還是完全的神？半人半神呢？或者既是完全神又是完全人？這是教會兩千年來一直面對的問題。純正信仰的教會，相信耶穌是完全的神，也是完全的人，這是有關基督的信仰教義。

聖經是神所啟示的？或是人自己的靈感？是記載神的計劃？還是記錄人的宗教經歷？聖經是神所啟示的，這句話在原文裡有無錯誤呢？

我只舉此一、二教義，為了使大家明瞭，教會屬靈的工作，必須建立在純正的教義上。每個信徒有了解這些教義的必要，每位傳道人，長老和執事，有教導教義的責任，這也是提前提後提多這三本書的主旨。唯有在純正的教義上，才能建立堅固的信仰，追求生命的長進，表現榮耀上帝的生活。

教會是真理的柱石和根基，青年的提摩太和提多，要謹慎自己所信的教義，並把純正的教義教導給其他的信徒。提前3:16「保羅將真理下了一個定義：大哉敬虔的奧秘無人不以為然，就是神在肉身顯現被聖靈稱義，被天使看見，被傳於外邦，被世人信服，被接在榮耀裡。」

今日的世局與保羅的時代一樣，有許多的假先知，邪靈的工作，鬼魔的教義，我們必須教導信徒分辨異端，且充分的認識到純正的教義，如此他們的信仰和生命，則像建立在磐石上，不可動搖，而這類的服事，乃是金銀寶石的工作。

我盼望青年福音社能更被主所用，以應付時代的需要，我為你們禱告，也誠懇的盼望青年福音社，歷經二十五年的歲月後，能更向前邁進一步！

On the Eve of Paul's Martyrdom
保羅殉道的前夕
Circa 1979

提摩太後書 4 章 6 節

我現在被澆奠，我離世的時候到了。

這本書是保羅臨死前， 最後寫的一封書信，他知道死期近了，所以說：「我現在被澆奠，我離世的時候到了。」也可以說，這是最後的遺言。

「被澆奠」是指著祭奠的酒說的，舊約獻祭，除了贖罪祭及贖愆祭之外的獻祭的牲畜放置在壇上，這酒就叫奠酒，奠酒不是祭物，乃是祭物焚燒的材料（民 15:1-10）

保羅在腓立比書以腓立比信徒的信心為供獻的祭物。他將自己比作奠酒澆在其上，奠酒是基督將生命傾倒的預表，保羅在此是表示他預表犧牲自己，挑旺信徒的信心作為祭物獻給上帝（腓立比 2:17）保羅的一生都是過著奠酒的生活，不是一次一次的，乃是不斷地，一生之久的犧牲自己。到了提後他說：我現在被澆奠，我離世的時候到了。意思就是說：我奠酒的一生，已到了盡頭，已達到最高峰了。

我們以這句話做中心，從提後四章本節到十六節就可以看出保羅殉道前夕的心理狀態。

我們可以分做“過去”“現在”“將來”三段來默想：

（一）對過去的評價。

中華歸主的青年團契，有一次他們的週會裡要求契友每人寫他們自己的碑銘。就是說，若他活到七十歲過世了，他如何寫他的墓誌。這對自己一生的評價，我看這是個很有意義的設想。

（A）保羅殉道之前說：「那美好的仗我已經打過了，當跑的路我已經跑盡了，所信的道我已經守住了。」（提後 4:7）這就是保羅為自己寫的碑銘。

現在先看那美好的仗，保羅的一生是一場繼續不斷地戰爭。這一個被揀選的器皿是基督的精兵，依賴主的大能大力，穿戴上帝的全付軍裝與那些執政的，掌權的，管轄這幽暗世界的，以及天空屬靈氣的惡魔爭戰，魔鬼所使用的軍隊是祭司長，法利賽人，猶太人，外邦人，羅馬人，教會內的假先知，假弟兄，他爭戰了一生，到現在就要告一個段落了。

他認為他的戰爭是美好的仗，因為這是上帝的戰爭，他是站在正義的一方面。他的敵人是上帝的敵人，他是為上帝而戰。他的仗是美好的，因為這是解放罪人的戰爭，他是從獅子口裡救靈魂，這仗是美好的，因為戰爭的結束是帶著天國到地上來主基督來做全世界的君王，信徒也與一同做王。這個美好的仗，保羅是已經打過了。這不是說戰爭已不存在，事實上，仍是劇烈的在打著。保羅說：我在這永世戰爭的過程中，盡了我當兵的任務了。提摩太啊，你要和我同受苦難，好像基督的精兵。（提後 1:3）我兒提摩太啊！我得這命令交託你叫你因此可以打那美好的仗。(提前 1:18)

（B）對於他過去的一生，保羅也說："當跑的路我已經跑盡了"，保羅常常把人生比作路程，他對以弗所的長老說他自己："我卻不以性命為念，也不看為寶貴，只要行完我的路程，成就我從主耶穌基督所領受的戰爭。"在這裡，保羅不以生命為目的，卻以行完人生的路程為目的。這路程，就成就上帝的戰事（徒 20:24）

保羅的心目中的路程，不僅是從某地到某地的路途，而是賽跑者所說的跑道。所以人生的途徑不是逍遙自在的緩步，而是各盡其力的賽跑。保羅一生全是辛苦的做工，在東奔西跑日以繼夜工作非常緊張。並且為了競賽，他就攻克己身，叫身服我。（林前 9:24—27）並且為了達到目的地，他就忘記背後努力面前的，向著標杆直跑（腓 3:13）他的跑道是"當"跑的路，他沒有自行揀選他跑的道路。他的道路是上帝"擺"在他前頭的，在他這方面就是存心忍耐的去跑。（希 12:1）

他得救的時候，主耶穌對他說："你所當做的事，必有人告訴你。"（使 9:6）這裡"當做的事"和提後所說"當跑的路"兩個"當"字，都是指著主耶穌為保羅所命令的人生路程說的。保羅在臨終前說："耶穌跑的路我已經跑盡了"，他照了主耶穌的選召跑盡了路程，沒有餘剩下什麼，他沒有跑到。

（C）所信的道我已經守住了，保羅信主是在主後 34 至 35 年之間，他殉道是在主後 66 年至 67 年左右，他傳揚主道約有 32 年之久。期間經過患難的逼迫，內憂外患，他卻能自始至終守住了他所信的道。在死難臨頭的時候，在威逼利誘的時候，在別人隨波逐流，迎合潮流的時候，甚至磯法巴拿巴也隨眾裝假的時候，保羅不折不扣，毫不妥協，保守了，從一次交付聖終的其道。

在羅馬書和加拉太書，及使徒行傳被我們看見許多律法主義的猶大人滲透教會，到處興風作浪，反對因信稱義的恩典的福音，保羅得回到耶路撒冷與使徒及教會討論，足見律法主義者勢力之大。

在提前提後，提多書三本書裡，我們又看到另外一種異端的勢力，浸透以弗所教會，就是保羅當的三年之久所培植，現在為提摩太所牧養的教會，這是猶太人的唯智派。提前一章所說的“傳異教荒渺無憑的話語，和無窮的家譜”，提前第四章所說：“離棄真道聽從那引誘的邪靈和鬼魔的道理——他們禁止嫁娶，又禁戒實物——那世俗的言語，老婦荒渺的話——”，提前六章：“自高自大一無所知，專好問難爭辯言辭——有人貪戀錢財，就被引誘離了真道”——保羅叫提摩太躲避世俗的虛談，和那敵真道似是而非的學問。

律法主義似乎是出於猶太國的猶太人，唯智派主義是受了希臘哲學影響的猶太的新　教成為教會的大敵人。

保羅在臨終前，已看到異端邪說的透入他所建立的教會，他已竭盡所能傳揚教導，他沒有慚愧，沒有歉疚，他存著無愧的良心做了福音的執事，保羅守了所信的道。保羅在殉道之前，回想他自大馬色路上見主，傳道 32 年，他對自己的生平，下了三句斷語：“那美好的仗我已打過了，當跑的路我已經跑盡了，所信的道我已經守住了。”我們這些基督徒若是今日就離開世界，我們為自己寫一個什麼樣的碑銘呢？你打了仗嗎？你跑盡了當跑的路了嗎？你守住了道嗎？

（二）當時的孤單

保羅在提後 4:16 說：“我初次申訴，沒有人前來幫助，竟都離棄我，但願這罪不歸與他們”在此看出保羅服事主一生到了老年殉道竟孤孤單單，只有自己一個人面對斷頭台，別人都離棄他走了。保羅寫提摩太後書的時候這是他心境情緒。

保羅大概是有兩次在羅馬坐監，他在主後 60 年在耶路撒冷被捕，六十三年在羅馬出獄，他旅行多處探望教會，最後到了西班牙。大約主後六十六年至六十七年在尼祿王裁害基督徒，大肆殺戮，與彼得殉難的時間相約。

保羅被捕控以縱火罪名，但保羅証明大火時他不在羅馬，因此沒有被定罪，但尼祿再控以“反對國教”“企圖羅馬城內革命”等罪名。在這種種罪名下只有坐監等死。所有的基督徒都貪生怕死，不願牽連，讓保羅一人坐監，不敢靠近，在這種情形中，保羅寫了提摩太後書。

現在應該知道尼祿是何等人，我們知道他，才能體會當時教會遭遇的逼害。尼祿生於主後 37 年死於 68 年，他三歲時隨著母親阿吉萍拿(Agrippina)被放逐遠方。皇帝克勞笛士(Claudius)再召其母子返回羅馬，阿吉萍拿在十三年內替兒子尼祿獲得王位。她是先嫁給克勞笛士皇帝，以尼祿為太子並娶了皇帝的女兒奧克菲亞為妻(Octavea)。

尼祿不久毒死他的母親阿吉萍拿，以消除勢力的障礙，再毒死奧克菲亞以娶波芭亞，終因波芭亞把持權政，引起革命，尼祿自殺而死。

在這樣暴君虐政之下，在羅馬以拜皇帝為國教儀式下，在猶太人當中有亞歷山大（提前 1:20）借機誣告保羅下，在基督徒不敢為保羅作証之下，在有些信徒信心為破船一樣之下，保羅孤單的時候死在監牢裡。路加醫生是唯一的安慰著。有些同工因工作而他去了，為勒士往加拉太為提多推基古往以弗所去，但底馬為了怕死為了貪愛世界無端的離棄了保羅，在這種光景中，保羅在信上對提摩太說："你要趕緊的到我這裡來"，我們受過苦的人，都能體會這句話的意味。

保羅也說："我在特羅亞留於加布的那件外衣，你來的時候可以帶來"。保羅為什麼在那時臨死的時候，還關切他的外衣呢？一般解經家認為，保羅傳道 32 年走遍天下，設立教會，引人歸主，但他自己仍然是兩手空空，兩袖清風，所以他若在冬天不死，他也需要那件外衣。為什麼羅馬的基督徒沒有愛心，不供應給他一個外衣呢？可能是他們都畏懼牽連，不敢靠近保羅，可能保羅也不願意向怕事畏死的基督徒表示他的需要。保羅不但是待死，也是其的貧窮。

保羅的被陷害，無人作証，無人擔保，基督徒都躲避了。但保羅說："但願這罪不歸與他們"。這叫我們想我主耶穌在十字架上的禱告："求你赦免他們的罪，因為他們所做的他們不知道"。也叫我們猜想保羅待死之時，他逼害教會，以石頭打死司提反的那一幕，不斷地映在他眼前，保羅記得司提反跪下大聲喊著說："主啊，不要將這罪歸與他們。"保羅在孤單中，在待死中，他為敵人禱告。

但最重要的一點，保羅說人雖離棄了我，唯有主站在我旁邊，加我力氣，這也好像司提反看見人子站在上帝右邊一樣。保羅何等鎮靜，何等寬容，何等有力量，都是有主站在他的旁邊。這是保羅在寫提後書的時候心情。

（三）未來的盼望

保羅在殉道的前夕，滿有對未來的堅定盼望。真是証明他有信、望、愛三者俱全的靈命了。照保羅看見死是什麼呢？他說過："我活著就是基督死了就有益處"，"我正在兩難之間情願離世與基督同在，因為這是好得無比的事。"（腓 1:21-22）"我們原知道我們這地上的帳篷拆毀了，必得神所造、不是人手造、在天上永存的房屋。"（林後 5:1）這些是保羅先前所信的，所寫的，所講的。現在"死"很現實的要臨到他了，他深信"主必救我就我脫離諸般的凶惡，也必救我進入他的天國"（提後 4：18）

第一句話：他不是說主必救他脫離苦難、虐待、死亡，他深信他死，會死得有恩典，有光榮，不會被罪惡、畏懼、魔鬼引誘做出不榮耀上帝的事情來，說出不榮耀上帝的話來，不會抱不榮耀上帝的態度。

第二句："救我進入他的天國"，這是說他死了以後必會進入天堂，與基督同在，是好得無比的，他當然願意上帝的旨意成就了，保羅有這樣的信心，他的殉道的前夕自然就不 緊張了。提後 4:5 保羅說："從此以後，有公義的冠冕為我存留，就是按著公義審判的主到了那日要賜給我的，不但賜給我，也賜給愛慕他顯現的人。"

保羅深信有公義的冠冕戴在他的頭上，這個公義的冠冕，不是一切因信稱義的人所穿的義袍，那是基督的美加在信徒的身上，這個是公義的冠冕，是主基督因信徒的工作生活施行審判的所賜的獎賞。（林前 9:25）這是有競賽性的，只有金銀寶石的工作和生活才會領受這種冠冕，只有至死忠心，才會有主賜的生命的冠冕。保羅有這種信心，不是他驕傲誇言，乃是他信施審判的主，是公義的，所以他必賜保羅公義的冠冕。

保羅不但對自己的死後有信心，有盼望，他對於上帝的家（提前 3：15-16）也有了 安排，在提前 3:15 節他對提摩太說："你可以知道在上帝的家中當這樣行……神的教會……地方教會的組織領袖的資格（提 3:1-5）他都有交代他接棒的人，提摩太、提多。他深信福音要傳遍天下，他深信基督再來，他深信信徒復活與基督同榮耀。保羅殉道前夕，他對未來的一切，他自己的生死和教會的前途都有信心，所以他能從容就義。

現在我們要將保羅殉道前夕的這個信息結束一下，保羅對他的過去的一生既盡其所能的靠著主，他沒有虧欠，對他當時的苦境，雖是孤單，他不怨天不尤人。有主加給他力量，對於未來他深信他死了與基督同在，教會有上帝的看顧。在這種心情中，他的死是得償所願的，是榮耀的，是上帝所喜悅的。我們還活著的人應該為何而活著呢？

The Resurrection of Christ & The Peace of Man
基督復活與人的平安

Circa 1979

在耶穌復活的早晨，尋找耶穌的婦女們，聽到天使所報的信息“他已經復活了”。**馬太福音 28 章 8-9 節“婦女們就急忙離開墳墓，又害怕，又大大的歡喜，跑去要報給他的門徒，忽然耶穌遇見他們說：“願你們平安”。**

門徒聚集的時候，聽見耶穌復活的消息，**路加福音 24 章 36 節“正說這話的時候，耶穌親自站在他們中間說：願你們平安。”約翰福音第 20 章 19 節：“那日就是七日的第一日，晚上，門徒們所在的地方，因因怕猶太人，門都關了，耶穌來站在當中，對他們說：“願你們平安。”**

同章 26 節：“過了八日，門徒又在屋裡，多馬也和他們同在，門都關了，耶穌來站在當中說：“願你們平安。”

以上四節經文，記載耶穌復活之後，向門徒顯現的時候，總是說：“願你們平安。”耶穌這樣的說，是慣常的問候呢，還是有特殊的意義呢？我想大家都同意這不是通常的問安的口吻，像“早安”“您好”那樣的客氣話。而是另有特別意義的。

耶穌降生的那夜，有天使向牧羊人報喜信，有一大隊天兵，同那天使讚美上帝的“在至高之處榮耀歸與上帝，在地上平安歸於他所喜悅的人”。這是說，耶穌的降生，使上帝得榮耀，

叫人類有平安。（路加福音 2 章 13-14 節）

耶穌曾經說過："凡勞苦擔重擔的人，可以到我這裡來，我就使你們得安息。"（馬太福音 11 章 28 節）

耶穌在受難前，也應許說："我留下平安給你們，你將我的平安賜給你們，我所賜的，不是世人所賜的，你們心裡不要憂愁，也不要膽怯"。（約翰福音 14 章 27-28 節）

但門徒看見耶穌被釘死了，埋葬了，他們以為一切都完了。就如去以馬仵斯的兩個門徒所說："我們素來所盼望要贖以色列民的，就是他。""但祭司長和我們的官府竟把他解去定了死罪，釘在十字架上"再者"，我們中間有幾個婦女使我們驚奇，她們清早到了墳墓那裡，不見他的身體就回來告訴我們說：天使顯現，說他復活了。"因為這個緣故，這兩個門徒臉上帶著愁容，他們沒有平安。耶穌對他們兩個人說："無知的人哪，先知所說的一切話，你們信得太遲鈍了。"

不但這兩個門徒臉帶愁容，其他的門徒也是懼怕猶太人，就將門關了起來，他們心有餘悸，懼怕猶太人再要迫害他們。又傷心他們的領袖受害，他們一腔熱血，現在變成涼冷。他們原來抱著雄心，現在是四面楚歌。真像嬰兒失去了母親，一無依賴，不知所措。他們內心無主，所以沒有平安。

但他們所信的耶穌基督雖然死了，現在卻復活了，耶穌知道他們心中的愁苦，顯現的時候就說："願你們平安。"換句話說"你們以為失去了我，就心裡憂傷，但你們並沒有失去我啊，我死了，現在復活了，你們心裡可以平安吧。"

天地萬物都是要改變的，耶穌卻不改變。世上的萬物都是要過去的，耶穌卻是永遠的。他雖然經過死蔭的幽谷，也必不遭害，人類的平安若是出於他，就不會喪失的。好像沒有雲彩的天空，我們可以看見光明的太陽。但黑雲滿布，雷電交加的時候，太陽還是在那裡啦，世界上沒有什麼能將你和耶穌分隔。在任何光景中，耶穌都在說：“願你們平安。”

門徒對耶穌寄予厚望，以為耶穌既是彌賽亞，就必能重建以色列國，他們的信心大到彼此爭權，大家都要做左丞右相，耶穌被釘死了，埋葬了，這不但是失去了一個人，而是象徵整個復興國家的計劃，都同歸於盡了。他們是愛國份子，他們不願意永久做羅馬的奴隸，他們急於要恢復大衛的寶座，他們要重建上帝聖民的自尊心，他們以為耶穌就是這人，現在這人死了，他們的希望也變成了泡影。他們失去了信心，他們幾乎要做鳥獸散了。這種的失望，好像中國的詩人所說的：“出師未捷身先死，長使英雄淚滿襟。”

在使徒不知所措的時候，耶穌顯現了，對他們說：願你們平安。他們並沒有失去領袖，這位領袖是死而復活的，黑暗的權勢，敵人的壓力，政治的迫害，都沒有損他絲毫，他們失去的信心，不是應當重振嗎？耶穌的復活，不是証明上帝對以色列的預言，一定要應驗嗎？同時門徒發現了上帝的意念，不是人的意念，基督不是他們原來想像的基督，不是憑血氣戰爭、建立俗世的國度，而是以救恩建立教會，由教會而天國降臨，門徒不是心中有平安了嗎？

他們在此也學習到耶穌降世為要拯救罪人，就像天使所說，他名叫耶穌，因為他要將他的百姓從罪惡裏救救出來，現在他們知道了，贖罪的羔羊擔當了世人的罪孽必須釘在十字架上流血捨生，為上帝所丟棄，但他復活了，是証明上帝已接受了贖罪祭，”凡接待他的，就是信他名的人，他就賜他們權柄作上帝的兒女”。(約翰福音 1 章 12 節) 因為他被交給人，是為我們得過犯，復活是叫他們稱義。不錯，耶穌死了，死是為了人類替罪，他復活了，是叫信他的人，有份於他的義。從此以後，救恩已成，上帝的救贖計劃也實現了。所以耶穌復活以後，對門徒說：“願你們平安。”

耶穌的死，門徒都親眼看見了。他們以為“死”是完了的意思，耶穌一死，什麼都完了，死就是生命的結束，但耶穌復活了，門徒親眼看見復活的主，又親手摸過他的傷痕，他們該知道死不是勝利的征服者，死不是最後的命運，門徒看見耶穌被釘死，他們害怕他們也會被釘死，他們怕死，他們害怕到關起門來，現在死了的基督復活了，活在他們面前，死不叫他們害怕了，那害身體不能害靈魂的不要怕，“復活在我，生命也在我。信我的人，雖然死了，也必復活”。這是耶穌的話，拉撒路復活了，耶穌也復活了，這是千真萬確的事實，所以耶穌說死算什麼“願你們平安。”

門徒不必怕死了，順從人不順從神是不合理的了，他們的心靈復活了，他們勇敢了，他們有能力了，他們得到的何止是平安？教會也奠定了根基，一股新潮，沖擊了世界，滲透了歷史，傳遍了福音。那一小撮無學問的小民，原來三次不敢承認耶穌，他們忽然得到能力，像火山爆發，震動了永世，因為耶穌復活了。

復活的耶穌，原為人類的和平而來，他的釘死復活，實現了平安，所以他向門徒顯現的時候說：“願你們平安。”今天是復活節，願大家都得著平安。

Become the New Man
穿上新人（上）
Circa 1980

聖誕節將要過去，新的一年有來了，今天是我們新年前的一個聚會，我特別為了這個節期講穿上新人。

請大家看歌羅西書第 3 章第 5-14 節“所以，要治死你們在地上的肢體，就如淫亂、污穢、邪情、惡欲，和貪婪。因這些事，神的忿怒必臨到那悖逆之子。當你們在這些事中活著的時候，也曾這樣行過。 但現在你們要棄絕這一切的事，以及惱恨、忿怒、惡毒、毀謗，並口中污穢的言語。 不要彼此說謊；因你們已經脫去舊人和舊人的行為， 穿上了新人。這新人在知識上漸漸更新，正如造他主的形像。 在此並不分希利尼人、猶太人，受割禮的、未受割禮的，化外人，西古提人，為奴的、自主的，惟有基督是包括一切，又住在各人之內。所以，你們既是神的選民，聖潔蒙愛的人，就要存憐憫、恩慈、謙虛、溫柔、忍耐的心。倘若這人與那人有嫌隙，總要彼此包容，彼此饒恕；主怎樣饒恕了你們，你們也要怎樣饒恕人。在這一切之外，要存著愛心，愛心就是聯絡全德的。

請在看以弗所書第 4 章 20-24 節“你們學了基督，卻不是這樣。 如果你們聽過他的道，領了他的教，學了他的真理， 就要脫去你們從前行為上的舊人，這舊人是因私欲的迷惑漸漸變壞的；又要將你們的心志改換一新，並且穿上新人；這新人是照著神的形像造的，有真理的仁義和聖潔。

這兩章聖經大體上都講了一個主要的問題，就是我們要脫下舊人，要穿上新人。我們中國說爆竹一聲除舊，過去的時間都沒有了，今天我們再過一年的話我們要重新開始一個年度，我們要脫去舊人，穿上新人。這裡的舊人、新人還像是舊衣裳、新衣裳一樣，我們要脫去舊人，穿上新人。這個在聖經裡頭常常講到我們的衣袍，或一個人被請去吃飯，他沒有穿上禮服，主人就刑罰他。保羅在這裡講我們要脫去舊人，穿上新人，在歌羅西上講得很清楚，你們要脫去舊人和舊人的行為；以弗所書又說，就要脫去你們從前行為上的舊人，這個舊人不是指著生命說的，是指著我們外面的生活說的，聖經裡告訴我們，我們心裡有罪、有肉體，因著我們的肉體而行發出來在外面的整個人的生活方式謂之舊人。

所謂脫去舊人是指我們在行為上的舊人，我們穿上新人是指著主耶穌的生命發出來在外面的生活，就是基督的聖靈所產生出來的真理和聖潔是在我們行為方面的。真理是講脫去了我們在生活上舊的生活方式，我們要穿上新的生活方式，這是我們做基督徒的，尤其在我們出去傳揚救恩講屬靈生命的教會裡很少注意的一個問題。當然不傳福音的人他們只注重外面的行為生活，怎樣的做人？怎樣處世？怎樣犧牲、服務、博愛？他們不注重心裡面的改變，這是那些基督教的自由派或基督教以外的那些思想，只注重改外面，不注重改裡面。但是保羅所講的這個話呢，是對那些基督徒講的。

保羅在歌羅西書第三章講你們若真與基督一同復活的，你們舊的生命是與主耶穌同死的，你們與主耶穌同活，你們就有新的生命，耶穌是升到天上去的，你們有了基督的生命，你們也有了天上的地位，這一點很要緊，我們基督徒人雖在世界上，可是我們的地位卻在天上，我們的生命在天上，我們地位在天上，因此我們應多思想上面的事，不要思念地上的事，這是說我們的生命與基督一同隱藏在天上。

將來有一天，主耶穌要完全顯現的，我們也要一同顯現出來，但是天上隱藏的那個生命，會部分透露在今天世界浩瀚裡面，現在耶穌在天上，也沒有人看見耶穌，只有我們信耶穌的人將耶穌部分的表明出來，所以隱藏基督的現在，要在我們生活裡面部分地顯現出來。這裡也注意到耶穌是我們的生命，我們的生命就是耶穌，耶穌就是我們的生命，這一個是很要緊的。

我記得我在傳道的頭一年，我常常講到耶穌是救主，耶穌是主，我因祂得救，我要順從祂在世上過日子，為祂作工，當時我還沒有清楚耶穌就是我的生命，有一天早上，我在唸書的時後，忽然我看見那光，耶穌就是我的生命，我的生命就是耶穌，耶穌在我裡面，耶穌就是我的生命。當然我知道我信耶穌的時候，耶穌住在我心裡面，我只曉得祂住在我心裡，我不知道祂就是我的生命，我知道我信耶穌就有永生，我不知道那個永生就變成我的生命，那個時候我靈性方面就有轉機，就知道耶穌在我裡面，是我的生命。

這裡我們看，說我們與耶穌同死、同復活、同升天，有天上的地位，但是我們住在地上，我們隱藏在天上，我們在地上有部分的表現，我們有耶穌是我們的生命，這個生命也表現在我們生活裡面，基督是我們的生命，基督也是我們的生活。因此我的生活就像耶穌一樣，也像基督從我裡面活出他的生命來，這是一個地位，我們經驗怎樣？這是我們生命，我們生活怎樣？隱藏的地方是怎樣？我們表現在外面是怎樣？

保羅說：我們的生命已藏在天上，這是事實。你要做什麼呢？你把這一點抓住了以後，底下在你實際生活上你要怎樣呢？他說你們就要脫去舊人和舊人行為，穿上新人，換句話說，你人在天上還在思念地上的事，你隱藏在天上的，你在地上還沒顯出基督來，你裡面有生命，外面還沒有基督，現在你要怎樣呢？你要把那舊人脫去，穿上新人。

上次我講哥林多前書的時候，哥林多人是信耶穌的，但是他們只是信耶穌，他們還把哥林多社會上的種種習慣、生活、為人、道德帶入教會，譬如：驕傲、靠自己的智慧、強權柄、有奸淫的事情、去打官司，這就是得救以後的人他把得救從前社會上的種種帶入教會，不但哥林多人是這樣，歌羅西人也是這樣，以弗所人也是如此，信是信耶穌，很多的思想、行為、看法還是不屬於耶穌。

保羅說你們要把那個東西脫去，要穿上新的，這不是說叫我們穿上屬靈的外袍遮蓋裡面的罪惡，這不是講假冒偽善的人，養狼混在羊群裡面。這是講那真信耶穌生命的人說，你們生命是有了，可是生活上舊的東西要拿去，不但是脫去舊的，還要穿上新的。

那個浪子回家，父親看見歡喜他，父親赦免他了，也同他親嘴，也宰牛殺羊給他一個宴席。但是要做一件事，就是先給他換上衣裳之前要先洗澡，把外面的衣裳要換掉，心裡面悔改還不夠，外面也要換掉。所以舊的要脫去，像舊衣裳要脫去一樣。

我有一個侄女從大陸來，才來的時候，就是個大陸樣，幾個月後一點也沒有大陸樣，卻像個美國的青年女子，從她的頭髮、臉上的裝飾、身上穿的衣裳，一直到帽子、鞋子全部是美國樣子，與他原來的情形大不相同，舊的脫去，新的穿上了。我們基督徒也要把舊的脫去，穿上新的。

所以在我們靈性追求的時候，固然生命的追求是要緊的，靈性的追求也是要緊的，但是我們在實際生活上的表現也是要緊的，我不是說我們不要注重靈性、靈性的長進、聖經的研究、我們的崇拜與上帝接近，這些都是要緊的。也有另外要緊的，我們行為上的舊人要給他脫去，要穿上行為上的新人。現在的問題就是說我們今天的基督徒，尤其在我們注意得救，追求靈性的教會裡面，有幾個信徒在那裡注意到我的舊人要改成新人，這個改那個，那個改這個，我們有沒有在追求當中注意改舊人穿新人。

保羅說你們既是這樣，你們要治死你們地上的肢體、淫亂、污穢、邪情、貪婪、私欲、拜偶像一樣。第八節說：“你們要棄絕這一切的事，以及惱恨、憤怒、惡毒、誹謗、口中污穢的言語，不要彼此說謊，把舊人脫去穿上新人”這個不是所謂籠統追求，要愛主、要奉獻、這是在愛主，奉獻以後，在你生活裡有這些骯髒的東西，過去老舊的東西去掉。我們有幾個人在想，經過這個禮拜或我今天有一個什麼東西要脫去，靠神的力量叫那個舊人，那一個行為給他拿去，下禮拜是另一件事，我要把他拿去。

我講個很簡單的事，我們有沒有覺得來聚會的時候，不按時間來聚會是不能表現基督。我們有許多人以為遲到是應該的，人家說阿們了我們才去，這是舊人的東西，中國舊社會的老習慣就是喜歡遲到，但是我們有幾個人是在盡力要改變，要把它拿掉呢？這是個問題！

譬如我們吃過東西以後，隨便一放，讓別人去洗，管都不管，這事情是舊人的事，我們有沒有說我要把這習慣給它換掉呢？有沒有每天每時，時時刻刻注意到這些事情，讓他把這舊人拿去，奇怪得很，很多人在禱告的時候很熱心愛主，講道的時候說的頭頭是道，唱詩的時候唱的精神煥發，但是等來到世界的行為的時候，就來了一個問題。我們不注意脫去行為上的舊人，當然剛我舉例是外面的事情，那是保羅所講惱恨、憤怒、惡毒、誹謗、奸淫等事情，我們不但舊人要脫去，要穿上新人。

歌羅西書 3 章 12 節說：“所以，你們既是神的選民，聖潔蒙愛的人，就要存憐憫、恩慈、謙虛、溫柔、忍耐的心。“存”字在原文作“穿”的意思，你要把舊人脫去，穿上新人，新人是憐憫、恩慈、謙虛、溫柔、忍耐，我們除了在一方面注意每天脫去舊的行為之外，有沒有再去追求在我們行為上穿上新人，好像我們談救恩的教會，只注意我喝酒的不喝了，抽煙的不抽了，講這些事情，沒有講到要有憐憫、恩慈、謙虛、溫柔、忍耐這些東西不是我們追求的對象。底下保羅說你們要彼此包容，彼此饒恕，要穿上愛心，愛心是聯絡全德的，這一切都是我們基督徒在行為上應有的。

譬如我講謙虛這一件事情，今天我們有多少人在教會裡，覺得自己太驕傲，應該謙卑，我們每一個人有多少人注意到我要穿上謙卑的衣裳，不是假冒偽善，而是真正穿上耶穌謙卑的恩典，這個作為我們禱告的對象，求聖靈作工的對象，這裡說你們要穿上愛心，愛心像新衣裳一樣，讓你能夠顯出上帝的愛來，愛心是聯絡全德的，這些事情我們有沒有在追求。那麼更進一步就是說，歌羅西書 3 章 10 節，你們要穿上新人，新人在知識上漸漸更新，正如造他主的形像，這新人是天天改的，不斷改的，這裡說在知識上漸漸更新，我們更多知道我們缺少什麼？我們要的是什麼？我們新人是漸漸變天天變慢慢地變，變到一個地步變成主耶穌的樣子。

這個問題就是我們追求的的對象之一，就是我們有沒有每天在追求做一個更新的人。中國古書上說：“苟日新、日日新、又日新”就是我們要更新，這就是在我們行為上要表現出來的，我們要問，我今天比昨天更新多少，在行為上過去比昨天進步多少，今年比去年新多少，未來的年比今年新多少，這是我們基督徒生活的一方面，我們不是靠行為得救，而是信心得救。

但是信心得救以後，我們要追求把那生命表現出來。主耶穌是我的生命，我的生活上表現耶穌，我的生命是在天上，我在地上就是思念天上的事，耶穌現在是隱藏在天上的。但是耶穌藉著我能把祂的奧秘表現出來，祂的光顯出來，在今天，所以在這地方是我們要特別注意的，我們要脫去舊人，穿上新人，我們來彼此勉勵。

Become the New Man
穿上新人 (下)
Circa 1981

歌羅西書第 3 章 5-15 節

所以，要治死你們在地上的肢體，就如淫亂、污穢、邪情、惡慾，和貪婪。因這些事，神的忿怒必臨到那悖逆之子。當你們在這些事中活著的時候，也曾這樣行過。但現在你們要棄絕這一切的事，以及惱恨、忿怒、惡毒、毀謗，並口中污穢的言語。不要彼此說謊；因你們已經脫去舊人和舊人的行為，穿上了新人。這新人在知識上漸漸更新，正如造他主的形像。在此並不分希利尼人、猶太人，受割禮的、未受割禮的，化外人，西古提人，為奴的、自主的，惟有基督是包括一切，又住在各人之內。所以，你們既是神的選民，聖潔蒙愛的人，就要存憐憫、恩慈、謙虛、溫柔、忍耐的心。倘若這人與那人有嫌隙，總要彼此包容，彼此饒恕；主怎樣饒恕了你們，你們也要怎樣饒恕人。在這一切之外，要存著愛心，愛心就是聯絡全德的。又要叫基督的平安在你們心裡作主；你們也為此蒙召，歸為一體；且要存感謝的心。

以弗所書第 4 章 20-24 節“你們學了基督，卻不是這樣。如果你們聽過他的道，領了他的教，學了他的真理，就要脫去你們從前行為上的舊人，這舊人是因私欲的迷惑漸漸變壞的；又要將你們的心志改換一新，並且穿上新人；這新人是照著神的形像造的，有真理的仁義和聖潔。”

今天我要和大家講到的是脫去舊人、穿上新人這一個題目，在這裡講穿和脫是把我們屬靈的一方面當做衣裳一樣，可脫下去，可穿起來，在這裡所講脫下去穿起來並不是我們平常的口號，用宗教的外衣做一些政治的活動，不是那一種外衣（脫下去，穿起來這些），這裡講的是我們在基督徒生活上把舊的生活脫去，穿上新的生活，這裡所講的舊人，同那個新人是指我們生活上講的，注意不是生命的道理，這裡所講我得著生命了，裡面有生命了，是指外面的生活講的。

在我昨天預備講道的時候，我就想舊人和新人可以用現代什麼名詞來代替呢？我就想到我們平常言語當中講到人格，這個人格是心理學的人格，不是倫理學的人格，不要有什麼事情，”我拿人格擔保”，這是道義上的人格，這個人真是廉恥都沒有，是個沒有人格的人，這是講他沒有道德的意思。這裡所講人格的意思，不是這個意思，這是講心理學上的人格，英文是 Personality ，我就查字典簡單講出來，在英文字典上講有很多的意思。當中有一個我取出來，就是一個人他的行為和他情感上的那個抽象，把它整個看起來就是他的人格。一個人平常是怎樣做事？他的情緒生活是怎樣？這個裡面的情緒，外面的生活行為的習慣，合起來那一個整體，我們就說那個人的人格。辭海上說得更清楚，人格就是人的特點和品格兩個合起來。

心理學上以天賦的稟賦，我們天生的裡面的稟賦本能性情與後天的習慣兩件事，為個人人格的基本，我們人格是從這兩方面出來的，而以人格的持點，包括在智慧--有沒有他怎樣的聰明，動性--他的進取心他的動作和他的氣質--氣質是指著情緒講的他的情緒和自表一他自己表示出來，和社會性--他與別人來往怎麼樣，分作五個範疇，然後看這人的品格是高是低，評判這個人人格是怎麼樣，這就是心理學所講的人格，把裡面和外面整個個合起來看這個人整個生活整體就是這個人的人格。

我不是講道德性的人格，而是講心理學上的人格，這就是講到每個人都他的人格或品格或這個人的樣。照聖經講起來與中文的定義有點關係，人格是從他裡面先天的稟賦，先天所得著的東西，同後天外面攝取的東西，合起來而成為了這個人的生活一個整體。當然我們每個人先天所有的大家是差不多的，也有一些不同的地方，所以我們發表在外面的因著先天的不同而做出來的人也不同。主要的一點，聖經上講，我們人是有生命的，不錯，但是我們是天生是有罪的，有那罪性在我們裡面，我們先天的稟賦是有罪的，罪惡在裡面，我們人開始就是個罪人，從裡面有罪這一點開始。

我們的生活、外表、環境、社會都與這個有非常的關係。當然有人不相信，人生下來就有罪。我同你們青年人講過，共產黨創始人之一恩格斯，他做了一篇文章評杜林論，杜林是個唯心的人，他批評他，在那裡頭，他說講人有兩個性：人有人性和人也有獸性，獸性是永遠不能改的，所能改的是人性。雖然名詞不同，我們總曉得在一般人裡面總有一個東西是不好的，你說他是亞當先天性傳給我們罪性也好，獸性也好，你是基督教也好，你是共產主義無神派也好，你總要知道在人性裡面有個東西是壞的，是天生就有的。

我們先開始是從那地方開始，我在這裡不是辯論我們人一無好處，什麼都不好，我是講到我們裡面有罪根，這個罪根是我們裡面有的，所以這個我們開始做什麼呢？都要把這些東西放在裡面去。譬如我們每個人都有生存的驅策力，有個生存的驅策力，每個人都要生活，哪個要死？很少人是要死的，無論如何都要掙去生活下去，活下去。

有那個生存的力量在裡面，講不出原因來的，為什麼要這樣呢？就是要生存，因為我們大家都要生存，所以我們認為我有生存的權力，你也有生存的權力，我們把生存的權利和生活的權利當作主要權利之一，為什要如此呢？這個根基是在我們心裡面，這個事情是上帝造的，上帝就是造我們的，這個本身就沒有道德不道德、善與惡的。

但是這生存力過強了以後，就是犧牲別人而自己可以生存，這個理論就來到一個要緊關係，這個思想是我們裡面的罪利用生存的驅使力，在那裡要生活下去，傷害別人。我們也有兩性結婚的生小孩子的驅策力，性的驅策力，就是男的歡喜女的，女的歡喜男的，到一個時候就是要結婚，為什麼要結婚呢？明明想到結婚以後會苦的，很多人會離婚，他就是要結婚，為什麼呢？就是裡面就有個力量，這個力量就是要結婚，這本身是沒有善與惡的。但是你裡面有罪以後，就因這個罪而叫你做出你不應該做的事情。

也有人說：我們有那個權力、意志，每一個人都想權利、做頭、有權柄，這是上帝給我們的，叫我們有權柄能夠，負責任做事情的，你要對某一些人、某一些事、某一些工作、你要負責任，要負責任把那權柄交給你，只要負責任去做那件事。

無所謂善，無所謂惡的，但是你心裡頭有那罪根在那地方，就叫你用那、權力、意志、把它發揮出來，變成你爭我奪的局面。

我們每一個人心裡頭都是上帝所造的一些基本東西，但是我們因為罪惡的趨向，把我們整個人外面的生活變成骯臟、污穢、罪孽的一個生活，這種生活綜合起來就是舊人。因著我們裡面有這個念頭，我們漸漸形成彼此之間的關係，而形成某種制度，政治、經濟、社會的制度，都是那罪惡的心在後面操縱的，也就影響我們每一個人。

我們每一個人就是這樣，這一種生活裡面有罪，外面罪惡的生活，聖經上說這就是舊人。這裡說，舊人是從私慾漸漸變壞的，裡面有那邪情私慾，就叫我們外面的整個外面生活漸漸變壞了，這是我們每一個人應知道的。我們整個的生活未信耶穌之前整個生活是犯罪、罪惡所支配的生活，我們生活就是那個樣，這種總稱就謂之舊人。

當然每一個舊人和另外一個舊人是不同的，我回到台灣去就可以看到舊人在那裡活動的很厲害，是一派一個的樣子，剛到美國來時還有台灣的樣子，過了一段時間就變成美國樣子，美國樣子還是舊人，從那個舊人帶著中國文化，台灣的習氣變成了美國西洋文化，受美國影響的美國式的舊人，從此不脫離那個舊人，裡面私慾漸漸變化外面的整個那個生活，對於這種生活我們怎麼辦呢？

救恩以外的辦法都是人為的，所謂人為主義的，用人自己的方法來改外面的生活，用禮、樂、聖人之道、用教育的方法、用主義的灌輸用外面去強加力量、環境的力量、各樣的理解，各樣的哲學各樣的辦法，要把外面的舊人改掉，並且說外面的舊人是因著外面的不好，外面環境好了以後，裡面自私的心就沒有了。一隻猴子有沒有自私的心呢？人是猴子變的，猴子自私，人一定也自私的。猴子有沒有資本主義？猴子是資本主義？還是封建主義？還是共產主義？一隻狗看見骨頭就打架，自私不自私？它是什麼主義訓練出來的？老虎在山上彼此你咬我、我咬你搶東西吃，它是哪個主義？哪個環境造出來的？就是它天生就要活到一個地步犧牲別人，它要活下去，是它自己的事，是它裡面的事。

所以我們想從外面從制度、教育、什麼東西要改變人裡面，是不會成功的。主耶穌對尼哥底母說："人若不重生，就不能進見神的國"神的國就是外面制度的，理想制度、上帝的制度。但是你必須要重生，你裡面要有改變，先有新的生命才可以，外面叫它是沒有用處的。

我的好朋友王明道先生已經從監牢放出來了，他是我生平最佩服的一個人，他講的道理我都不能忘記。他講一個故事：有個人認為環境、教育可以改變一個人的心，所以他去抱一隻剛生下來的小豬，把它擺在一件乾淨的屋子裡面，給它洗澡、刷牙、教它禮貌、吃東西，長得又肥又胖，很好。等到有一天門忘了關，豬跑出去了，又到那污水裡去了，叫它是沒有用的，豬嘛就是豬。所以我們要把人心改，不是外面的事，乃是人裡面的事。

耶穌說：人必須重生，必須裡面要改掉。所以我們要信耶穌，從裡面改起，神給我們一個新的生命，在我們裡面，所以我們重生。現在一個問題，很多人只改外面不改裡面，我們信耶穌就是先改裡面。但是我們基督徒有一個毛病，我們只注意改裡面，不注重改外面，不是說完全不改，常不去想外面的事，裡面我重生、我得救了、我奉獻愛主了、我禱告時心裡快樂，我做過一個夢，上帝對我講話，注重裡面屬靈的享受，外面的舊人他還沒有忘記，沒有改。

我們在研究哥林多前書的時候說，哥林多教會是個有問題的教會，有問題的教會都是那些信徒帶進去的，哥林多是個商業的城，大家做生意的，是個文化城。大家都有學問、智慧、愛犯奸淫的地方。上次我講給你們聽的，在台北講北投是否很難聽的話？那麼在西方的世界保羅講哥林多就是壞話，講哥林多就像在台北講北投一樣。這個名稱是一樣的，但是保羅講道，這些人也信主，也有了生命，一個個哥林多人來做會友、教友，他們雖然裡面有生命，他們就把哥林多原來做人的種種方式一起帶進了教會。智慧微高的人有學問，以錢為驕傲的人有錢，歡喜奸淫的人還是有奸淫的事。就說這個教會的人是有生命的，把它從前老的生活方式，所謂心理學的人格一起帶進教會，而教會裡面一方面是有基督的恩典有生命，但是其他從前社會上的老習慣、壞事情，什麼東西每一個人都一樣，還是一樣帶進教會，教會比同教會外的人差不多，除了他自己可以做見証，我心裡得平安、快樂，我死後上天堂，其餘的生活沒有改，這就是今天教會的一個很大的缺點。

也有所謂屬靈的教會，沒有屬靈，要講求靈性，我們也講到與上帝相通，那是不錯的，是要緊的。但是，他們在生活上卻不大注意，裡面有屬靈的恩典，可是外面沒有。所以這裡講，你們是新造的人，在地位上你們是脫離罪人舊人，但是你們舊的行為也要脫去。

你說你現在信主罪得赦免了，你不要在犯罪，有新生命，新的生活也表現出來，你說你愛主，你把愛主的行為給人看見，你說你愛人如己，你怎樣愛人如己？你說你現在好了，上帝救我，從此以後不說謊，可是你的一舉一動還在那說謊、作假，這樣的不是和哥林多教會一樣嗎？你生命是有的，你把你原來舊的東西，都帶進來了。在今天的教會，也不是每一個教會，我也不一概論之，好像用某一點，把教友抓在一起變成興旺人多的教會，他家私人的生活不去管，管不到一半他就不來做禮拜，奉獻金錢就好了，有這問題吧！不去管那個人在生活上到底是怎麼樣？保羅說你們要脫去舊人，穿上新人，在你過去沒有生命的時候，外面因著你先天的稟賦和後天的學習所形成的那個樣子，把它改掉。

我講個最近的事給你聽 ：美國的男孩子、女孩子、同台灣來的不同，是不是？台灣來的整整齊齊，恭恭敬敬、敬老，這是東方的好文化。可是西方人不管到哪，一躺腳一蹺，目中無人，有沒有這種事？這是從美國文化帶進教會的，或者是台灣來的人把台灣文化忘記了，學會了美國人的樣子。這一些事情說我屬靈，我愛主，我這樣，我那樣，其實他舊人生活上沒有改變，還是把從前社會上的那一套東西，都帶進教會裡面來了，而我們教會也沒有膽量講那是錯的，應該改的。

保羅說你們要脫去舊人的那一些東西你們要脫下，如衣裳一樣，要穿上新人，這新人是上帝的真理和仁義漸漸改變的。一方面是私慾在裡面造的，腐化了你外面的生活成為舊人，現在你得著了聖靈，聖靈在你心裡就把聖靈發出來，改變你的生活，叫你有一個新的人格。現在我問，我們這些基督徒，能不能脫去舊衣裳，我想恐怕很多時候心有餘而力不足，沒有做出來。我小時候喜歡記日記，每年把好的記一記，但不到兩個月就完全忘記了，你們有沒有？當然你們每天記固然好，我們要脫去舊人，我們穿上新人。可是我們不能真正去做，我們還是老樣子，就以為我們來做禮拜唸唸聖經，禱告，捐捐錢，那就夠了，沒有在靈性上追求，沒有脫去舊人，穿上新人。

現在有一個問題，你說我改了，從前抽煙現在不抽了，喝酒的現在不喝了，打老婆的不打了，不是改了嗎？那是你二十年前、十年前的事，最近每天有沒有改呢？有沒有把舊的脫去，把新的穿上呢？我坦白說我小時候非常窮，我不是把它當榮耀講，但這是事實，我們窮的時候身上只有一件褂子，不是襯衫，這件褂子沒得換洗，穿了兩個禮拜、三個禮拜，臭臭的了，還是穿，不洗，沒有嘛！就是穿那套衣裳。

今天我們做基督徒有沒有脫去舊人，有沒有每天脫去舊人，天天脫去舊人，穿上新人，就是歌羅西書上說的。你們要存謙卑的心，穿上愛心、憐憫、恩慈、謙卑、溫柔、忍耐，要彼此包容、彼此有愛……。我們穿上這些東西，我們今天穿一點，後天更穿一點，每天都起來穿新衣裳，每天起來脫舊衣裳，這個變成我們追求靈性的一個方法。

有人讀過中國古書，我們中國也講修身，也講對付自己，那和你們基督教還不是一樣。以前種種譬如昨日死，以後種種譬如今日生，我們還不是在修己，那個問題，有不同的地方。基督教是說裡面的生命改變了，而你每天的生活是讓裡面的聖靈能夠活出來，裡面的舊人死了，把外面舊人的生活去掉，是聖靈的工作叫你重生，也是聖靈的工作每天給你脫去舊人，穿上新人，不是自己所能做的。基督教修身的工夫和世界上修身的工夫有一點不同，由於這些都是上帝所給的。今天新年的時候，我想和大家分享，我們要脫去舊人要穿上新人，變成我們每天我們靈性工夫當中所注意的要點："脫去舊人，穿上新人"。

Victorious Life
得勝的生活---基督是我們的生命
Circa 1981

歌羅西書 3 章 1-4 節

所以你們若真與基督一同復活，就當求在上面的事，那裡有基督坐在上帝的右邊。你們要思念上面的事，不要思念地上的事。因為你們已經死了，你們的生命與基督一同藏在上帝裏

面，基督是我們的生命，他顯現的時候，你們也要與他一同顯現在榮耀裏。

今天，我們要同諸位作點見証——就是第四節的頭一句“耶穌是我們的生命”。我記得在春令會的時候，我也曾講過耶穌是我們的生命。我們活著不是我們，乃是基督在我們裡面活著。記得當時講了一個比方，以演戲作比方。我是趙君影，扮演雅各的兒子約瑟，演戲時我把我自己當做約瑟。我的思想言行，表現一切照著約瑟去做。這是一個比方，任何比方不會沒有缺點的。我們現在若說，耶穌是我們的生命，就像演戲一樣，把耶穌扮演出來，是不是基督徒在做假呢？我們先問怎麼演戲呢？一個演戲的人，他的言語，心理，思想，情感都應是他所扮演角色的思想、言語、行為。

我們所講基督是我們的生命時，不是說把基督在我們的生活裡像演戲般的演出來，而是說“真戲真做”的生活。中國人有話說“假戲真做”，這是指真好的演出說的。有人說我們基督徒是真戲假做，我們真的是基督徒，但所表現的卻不是基督徒的樣子。我所要講的是“真戲真做”，主耶穌是我們的生命，讓他的生命完全表現出來，實在是我們基督徒生活主要的一大原則。

在我青年追求靈性的時候，帶領我的人並不見得懂得多少真理。領我們得救，叫我們多去愛主，犧牲，奉獻，這是有的。但對生命的真理，他們不太熟悉。我們也不懂得把生命表現在外的意義。我們所謂的得勝，是表現在外面為大家所注意的各項生活問題。坦白的說，我的脾氣很急躁，有什麼話一下就說出來，有時我覺得這樣是好的。這是坦白啊！有時我是以為這是不好，要怎樣去對付我這急躁的脾氣呢？我的問題就在這裡。

我想了一個對付這個問題的辦法，就是勸勉自己多讀聖經，或每天做禱告，禱告上帝，請求他改變我的脾氣，叫我性情溫柔。這時候，我個人在外生活有什麼一兩件事情有問題，我就對付這一兩件事，這就是所謂得勝了，我得勝了我的脾氣之後，但又在我的經驗裡，發現立志行善由得我，行出來由不得我。我覺得有不對的地方，我也去改，然而只改了一點，就改不掉了。不久又故態復萌，又是那個老樣子。每次受了聖靈感動，就再改一次。尤其在一年開一次或二次的奮興會上，講員一講到這些缺點，就好像講到我心裡去，覺得我就是這樣一個人。認罪吧！於是一次又再一次的認罪。

我認為那樣就是基督徒正常的生活，每個基督徒都是一樣。都是為著某樣的軟弱而掙扎，一次掙扎一點，希望慢慢能把壞脾氣改掉。這也就是大部分人追求的方法，因此在奮興會，夏令會當中，有很多人認罪悔改。感謝主！這樣對自己的靈性很有幫助。但是仔細想想，我們僅僅消極的對付外在的缺點就夠了嗎？還是我們裡面也有問題呢？

所以，我進一步發現，不但我的行為上有問題，我的心靈上裡頭也有問題。我有肉體的邪情私慾，我有愛犯罪的傾向。所以我在生活上才有問題，至於在裡面的那個東西，你叫它是“罪”“肉體”“邪情私慾”“老我”“老亞當”-----怎樣稱呼它都沒有關係。裡面那個東西是與生俱來，叫你犯罪的。所以當我追求的時候，慢慢了解外面的問題乃是從裡面來的。

因此漸漸地發現，只對付外面的是不行的啊。裡面老舊的我還是存在，怎樣對付自己的老我呢？每天早晨起來，求告上帝，求他給我力量，我要勝過老我，我要把肉體釘在十字架上，我要把我整個生活都改變。從前是僅僅對付外面生活的行為，現在是對付裡面的肉體。所以肉體變成我得勝的對象，我同肉體打仗，這是比較深刻的經驗了。

從前只注重外面的表現，後來發覺內心有很多很多問題，很簡單的事情也誇耀自己，要別人稱讚，甚至還有自私心，這些我都曉得是從肉體的邪情私慾發出來的。我怎麼對付它呢？就是每天求上帝來釘死它，讓我肉體不要再活動，想辦法在禱告之中，在唸聖經時，把這對付肉體變成我心裡的目標，這樣對付是好了一點。

但是有時候發現那個老舊的我還是很活躍的在裡面，於是我比從前更苦了。從前只管外面，只要外面做的像就算了，現在反要管到裡面，真不自在啊！因為我明明曉得裡面有錯誤的思想，不好的動機，這些肉體的敗壞，使我心裡不平安。因此也就更能體會聖經所講的“人心比萬物都詭詐，壞到極處，誰能識透呢？”

從前我講道時，是講到人的肉體壞到極處，講一般人的的人性壞到極處，誰能識透，比萬物都壞。追求以後才發現自己的肉體，人心比萬物都詭詐，壞到極處，誰能識透。

我在年輕時曾聽倪柝聲講道中說，一個人屬靈的程度在乎這個人對自己的肉體有多少的認識，你對自己肉體敗壞認識的少，你就少屬靈，你對自己肉體深刻認識的話，你就更屬靈。這句話確有相當的道理，但是不是一下子就能認清自己，而是一天深似一天，因此我從前追求外在行為的完美，現在對付內在的肉體，當我靈性又進步的時候，我發覺並不是與肉體交戰，而是在生命裡勝過自己的邪情私慾。

羅馬書第五章講：“罪惡是由老亞當帶進來的，耶穌卻帶給我們生命與平安。”所以聖經上講，基督是我們的生命。為什麼說基督是我們的生命，而不是說三位一體的那個第二位是我們的生命？不說神的兒子是我們的生命。而說基督是我們的生命呢？

所謂重生的人，是耶穌住在我們心裡。為什麼是死而埋葬，復活，升天的耶穌住在我們的心裡，才成為我們的生命呢？為什麼不是那個還沒有道成肉身，神的兒子一直進入我們的生命裡來呢？或者說沒有釘十字架的那個耶穌進入我們心裡來呢？為什麼要講耶穌升天以後，才講聖靈澆灌下來呢？這個聖靈才把耶穌的生命帶進我們的心呢？

這裡頭有一最要緊的緣故，就是耶穌的生命是釘十字架的生命，埋葬的生命，復活的生命，升天的生命。當耶穌成為我們生命的時候，那個生命是釘十字架的生命，所以，我們也與他同釘十字架，耶穌是復活的生命，我們也得著他的復活生命，耶穌升天了，我們也與他升天的地位有份。

所以，當十字架的生命成為我的生命時，我的生命就有十字架排除罪惡的能力，因此死叫我們脫離罪，我的生命是耶穌的生命，我與耶穌一同死，所以罪在我身上再沒有權勢。生命本身就有力量叫你脫離罪，不是叫你去同罪惡打仗，在你生命裡有十字架，你就脫離了罪，耶穌的生命是復活的，當復活的生命到我心裡來，罪就死了。

當耶穌是我們的生命的時候，自然而然的勝過罪惡的捆綁。基督徒的得勝是要求生命的長進，而不是一件一件事情來對付。當然有了耶穌的生命以後，你站在得勝的地方來解決已經失敗的，站在釋放人的地位，對付那個要捆綁的罪惡，而不是站在失敗的地方，承認自己被捆綁，而想法子從捆綁中逃出。所以得勝的問題是從生命而來的，就是我們能以耶穌基督為我們的生命，讓耶穌基督的生命活出來，那麼罪惡就沒有了。

曾經有位外國傳教士說，當魔鬼敲門時，耶穌問誰啊？牠說我是魔鬼，耶穌把門一開，魔鬼就跑了。要是我們去開門，魔鬼就不跑了。所以耶穌是我們生命的時候，我們自己的力量就出來了。

最後我願再強調，要過一個得勝的生活，要從耶穌的生命開始，因此，重生是非常重要的，人若不重生，就不能進神的國。你重生了，心裡有生命，罪就赦免，生活也會改變，我們之所以很少把重生的生命與耶穌釘十字架，埋葬，復活，升天的生命擺在一起，是因為重生時，已經得著那釘十字架，埋葬，復活的生命了。願我們今後都能把基督豐盛的生命活出來。

Christian Cosmology & Outlook on Life
基督教的宇宙觀和人生觀

Circa 1981

已故的哲學家和神學家田立克曾經說過：“在人類歷史上，有一段時間世界上的人就是怕死，這個死是指身體上的死，所以那時候不怕死的人就是英雄好漢。”雖然這是一個反面的說法，但也看得出來，那時代所怕的是身體的死，一個不怕死的人，就是一個很了不起勇敢的人了。在中世紀的西洋人最怕的就是死了以後“靈魂下地獄”。所以那時候的宗教多半在針對這個問題。但是今天的一般人很少是怕死的，只不願意死罷了。若是對一般不信耶穌的人來說，死了以後下地獄，他們是不會在乎的。

現在人最怕的是生活沒有意義，沒有目的。這是今天現代人所面臨的大問題。基督教的福音正對這個問題提供了最好的答案。基督教是叫你知道人生是什麼?人生的目的如何？使你對宇宙有一個整體的了解，曉得宇宙之中有一位上帝，因而從有神的宇宙觀，進入基督教的人生觀。

人為何會信耶穌呢？人來到神面前的動機和方式往往是不一樣的。在約翰福音第四章十四節，提到的那個女人之所以信耶穌，有個複雜的改變，就是她在找人生的意義。“喝這水的還要再渴，喝耶穌所賜的水就永遠不渴”，這就是尋求人生的意義。作基督徒最要緊的意義就是和神產生關係，也就是在宇宙中找到他的地位，我願在此作個人的見證。

我從小就沒有母親，父親是有抽大煙嗜好的，他把我們兄弟姊妹送入教會後就很少管我們了，因此我從小就立志要做一個成功的人。那時年紀小，什麼都不如人，身上沒錢，衣服穿得不好，個子小經常被人欺負，所以我立志好好書唸，而且總拿第一名。

我讀的第一本名人傳記是俾斯麥的傳記——普魯士的鐵血宰相，我就立志要做鐵血宰相，後來又唸了華盛頓，就想做華盛頓，唸了林肯就想做林肯，唸了孔子就想做孔子。我從小英文就不太壞，故又立志做外交官。

總之是要出人頭地，要比別人好。為什麼呢？不知道，為什麼要比別人好呢？不知道就是要比別人好！在大學我的成績也是很好的，在運動方面，我是中國人中打美式足球的第一位。QUARTER BACK 大學四年中，我有三年是籃球隊長，那時總覺得自己是了不起的，要出人頭地，要比別人好，為什麼呢？不知道，唯一的原因可能是家窮要爭口氣，以榮宗耀祖。

後來忽然發現我有肺結核，就進了醫院，一個工讀生進了醫院就沒有錢了，向朋友借嗎？一次還借到，二次就借不到了，那時就愁了，就怕死了，病得一天比一天厲害了，就想到死的可能，那時期既無特效藥，也不會動手術，只有完全靜養在杭州西湖寶塔後山上的療養院裡。我隔壁住著一位病重的人，有一天晚上我聽到他的呼吸非常沉重，我怕的睡不著覺，心想自己的將來是否也是如此。半夜裡護士到我的房間說，她給那人把脈時，那人緊抓她的手不放，護士也怕了，第二天那人就死了，我看到醫院的人把他送入太平間，又抬到山下放到棺材裡，他的太太圍著棺材哭著、轉著、傷心的不得了，後來被人拖住，棺材釘了，也沒有什麼親戚朋友，我想像一定是到了很遠的地方挖了洞，埋下去蓋上土，太太哭哭就回去了。頭幾年可能還上墳，後來可能就不上了，不久之後這人就永遠被人忘記了。

我問自己，你從哪裡來？不知道，死後哪裡去？不知道，很容易說：人死如燈滅。死了就沒了。死了若真的沒了倒也好，若還有怎麼辦？我為什麼無緣無故的來？又無緣無故的死了？活著的幾十年到底是來幹什麼的？這是我當時的問題。就在那個時期我讀了托爾斯泰的文集，從他的書中我找到一件事，“人生的目的是要遵行上帝的旨意”。這是托爾斯泰的答案。

托爾斯泰曾提到世上有這樣三類心態的人：第一類，是自我中心的人生觀，包括自私自利的人，吃吃喝喝，為非作歹，好像是說：聖賢豪傑，好人壞人都是死，死後一無所有，我必定一死，做壞人又有何妨呢？這種為己的人生觀，也可發展成為一種為己的宗教，看這世界不好，要看破紅塵，超脫此一輪回的圈子，進入涅槃，不生不死，不在投生。甚至在基督教裡也有許多自我中心的基督徒，為自己而信教，為自己的快樂，家庭生意而信道，什麼都為自己，甚至連禱告和追求靈性也不外為著自己禱告時說，神啊，給我這個，給我那個，捐上十分之一，神就打開天上的窗戶給我賜福了。

但基督教的人生觀不是為自己，乃是一切為神的。羅馬書十一章三十六節講到，萬有都是本於他，依靠他，歸於他。世界上的一切都是神的，連你自己也是屬於他的。因此，為什麼要以我為中心呢？我的一個兒子小時候，我問他說：你的眼睛是做什麼用的呢？給我看的。耳朵呢？給我聽的。嘴巴呢？給我吃東西的。媽媽呢？給我做飯吃的。爸爸呢？賺錢給我花的。在他的小腦袋中，世界上的一切都是為他的。這固然是小孩子的見解，但是有太多的人一生一世都沒有長成大人，什麼都是為己，還是個小孩子，但真正的基督教是一切為上帝，不是為己。腓立比書第一章二十至二十一節 講到 ”我活著就是基督，死了就有益處” 。何種益處呢？無論是生是死，總叫基督在我身上照常顯大，我們對生死也當看得如此清楚。就在這個時候我信了耶穌，了解了這個問題。

托爾斯泰所說的第二種人生觀是以社會為中心的人生觀——有人說他們的人生目的是為著社會活，為著人類活。胡適之說：他不相信靈魂不朽，他相信的是社會不朽。既然我有功於社會，社會不斷地活下去，我的成就也可活下去。但我要問一句話：你們大人物對社會有此貢獻，你的功績可以活下去，我們小人物死了又怎樣呢？社會不朽是大人物不朽，不是小人物不朽。那麼我為什麼要生呢？原來是一將功成萬骨枯，我小兵之死，是叫我的元帥得功名的。我們小人物就是如此把這類大人物抬起來叫他們有名的，我們活下去就是為此嗎？並且是說為社會，社會為什麼？你今天為社會，叫大家過得更舒服，百年後大家都享福了，有更多的物質享受了，那時又如何呢？

我的大兒子，十幾年前月入兩千美金，我問他快樂不，他說不快樂，我問他說，若全世界每個家庭都月入兩千美金，這個世界會快樂嗎？他說：不會。那麼要多少才會快樂呢？犧牲這一代成全下一代，下一代的孩子可以有飯吃，到他們的日子過得好的時候，他們又是為什麼活在世界上的呢？自己一生為社會，社會為了什麼呢？最終的社會為什麼？

羅素在 “自由人的崇拜 ” 一書中說他為什麼不作基督徒，他說這個宇宙是沒有目的的，這是很自然的事情。若是你相信唯物論，自然主義，你就不會相信物質的運動是有計劃的，是有目的的，而你的生命就是無目的運行出來的結果。怎樣會有什麼目的可說呢？他說有一天太陽失去了能力，或是別的星球撞毀了地球，人類世界就完全失去了。

那麼為人類為社會活下去，是不是一個徹底的想法呢？有人說，那樣的事情還早呢，但人生的目的承前啟後是要配合整個人類的前途的，把整個人類認識了，才能想出人的地位，然後才是真正的宇宙觀、人生觀。你若不管人類怎麼來怎麼去，只管在你有生之年為社會，這不是一個徹底的人生觀。

基督徒也不是不為社會，保羅說“我正在兩難之間，情願離世與基督同在，那是好的無比的。”保羅說為著別人的緣故他還是要活著，他在世上活著，是要叫人得益處。他覺得他有責任要活著，他不是怕死，而是活著可以傳福音，可以愛人。基督教關懷社會，但並不是為社會而活，人可以愛兒女，但不是為兒女而活，丈夫要太太，太太要丈夫，但大家都為耶穌而活，同樣，我們愛人類，但不為人類而活。我們愛社會，但我們不為社會而活，我們在為基督而活的時候，自然為別人而活，在愛上帝的時候，自然會愛人，你為上帝犧牲的時候，你就會為人類犧牲，你的目的是在上帝身上，因此，社會人類就會因你而活得幸福。所以，托爾斯泰說，基督徒生活的目的，就是為遵行上帝的旨意而活。

托爾斯泰追求而獲得的，就是第三種遵行上帝旨意的人生觀。他是貴族子弟，從小他的父母就要他做禮拜，但心中很氣憤，有一天他和他的哥哥說起教會的事，批評這個不好，那個不對，沒有神的存在等等，使他完全失去了信心，後來致力於文學的寫作，最出名的是 戰爭與和平 。

五十二歲在他成名以後，他開始追尋人生的目的是什麼？他與俄國的其他文學家談起這個問題，他們說：我們要改良社會，用我們的文字打擊現在的制度，建立新制度。但後來，他發現這些人自己的生活就是狼狽不堪的就是會飲酒，講謊話，寫什麼都是為賺錢多，他們並不知道人生的目的，後來他到當時思想最自由的法國去同那些人談，也沒有得著什麼，因而失望的回到自己的農莊，為窮人辦學校，但仍未解決人生的問題。他為追求人生的問題再去做禮拜，但與小時候的態度就不同了，有一天他看到一個老農夫很快樂，他就向這個老農夫請安，問他是真的快樂麼？農夫答是真的快樂，又問；老農夫人生的目的是什麼？老農夫回答說這很簡單，人活著就是遵行上帝的旨意。

托爾斯泰回去讀聖經，尤其是約翰福音，他發現耶穌多次說他是上帝差來的，耶穌來不是要照自己的意思行，乃是照上帝的旨意行，他說的話不是自己的話，乃是上帝的話。在受難前說“不要照我的意思行，願神的旨意成就。”他啟示了基督教最重要的一點，是人活著要遵行上帝的旨意。從這個觀點去看，你就能夠把你人生的目的配合到神所創造的宇宙和人類裡去而打成一片了。

宇宙是誰造的？回答是上帝。人類是誰造的？回答還是上帝造的。你是從哪裡來的？上帝造的。上帝造了你像兒戲般只是玩玩而已嗎？這就是“天地不仁以萬物為芻狗”了？不是。上帝造了你，是要你遵行他的旨意。

神的兒子耶穌到這世上來，也是要遵行神的旨意的。將來我死了以後，我就到了上帝那裡去。我今生遵行了神的旨意，有了新的生命，死後會到上帝那裡去，並且這世界的歷史是照著神的旨意在那裡運作轉變的。

我們人遵照上帝的旨意，在自己這個世代作成他的工作，人類歷史的最高峰，就是主耶穌基督的再來，世界上變成一個新的天國，新天新地，你和我都可以在上帝永恆的天國裡得我們的那一份了。聽眾們，你們的生活，是不是感覺煩悶無聊，沒有多少意義嗎？你們不是在尋索人生的意義嗎？相信耶穌，接受他作救主，你就可以獲得人生的真意義了。

Spiritual Progress
靈程進步
Circa 1981

經文：創世記 12 章 1-2 節

我記得從前我的心裡，很渴慕在靈程上求進步。於是費了很多心血去參考很多書。因我有一點世界上的學問，所以用我的腦力在許多書上求進步，確是徒勞無益，正如緣木求魚，絲毫沒有滿我心懷的！唯有一次，聽見一位姊妹說：基督徒若要在靈性上增長，只看他失去了多少，就必得著多少，正如聖經所說：失掉生命的，必要得著生命。注意！先失掉，後得著，若不失，就不得，所以一個在靈性上增長的基督徒；猶如登山，又如上階梯，上去一步，又登上二步，若不上去，那麼就停在那裡了。十字架是我們在靈程上的一個階梯，登上一個十字架，又一個十字架；一個十字架，就是一個墳墓，經過一個十字架，諸位:你已經登多少十字架的路，現在又停頓了嗎？若停頓了，我告訴你，看亞伯拉罕的過程就會知道他已經跨過了四步大階梯，請你效法他。

一.創世記 12 章 1-2 節

神要他離開本地、本族、本家，往所指示的地方去，這就是神要人丟棄世界，包括一切名利、朋友、親族、父母、妻室、兒女，及情慾上等等的事。

感謝神！他已經救了我，丟棄世界上的一切事了，有一次我要立志傳福音，我的父親就反對我，他說，你若當牧師，我就去做和尚；你若去領會，上火車的時候，我就走到鐵軌上去碰死；你若在那裡傳福音，我就跳下水裡去溺死。

瞎！我聽了這話，真是難過！欲反對不行，欲順從不能，我只好禱告，交託神。感謝神！蒙他應允了我的禱告，才有今日得以向諸位作見証。我有一位同學，他與我同學的時候，很屬靈，後來有人替他說媒，有一個教外的女子家裡很擴充，又沒有兒子，就只有一個小姑娘，如果那老頭子一死，家產不盡歸女婿了嘛？因此，他就動了貪心，於是他和我來商量，我就老實不客氣的告訴他：這件事定是不美的，因她是教外的女子，恐怕你將來會受她的包圍。他說：不要緊，我一個人生在世上，馬馬虎虎求點快活日子，糊塗的過一趟就算了。我這是替他著急！後來事成之後，果然受了束縛，靈性就冷落了。在亞伯拉罕方面看，如若他不肯丟棄世界，他絕對得不著神應許的福，亞伯拉罕跨過這一步了。

二.創 13 章 8-9 節

為什麼神要他離開侄兒羅得呢？這就是神應許迦南給亞伯拉罕的，並未應許給羅得的，所以神要亞伯拉罕離開羅得。因為羅得是他的親侄兒，當然是他的骨肉了，這就正好代表基督徒肉體的罪了，亞伯拉罕既脫離了世界的纏累，但他還有肉體的本罪，在這時候，神要催促他，要他前進，必須要將肉體的罪完全的丟掉，假使他不肯丟掉，諸位，請答覆我，他能不能得到神的應許呢？自然是不能的，所以亞伯拉罕又跨過了一步。

試問你是一個基督徒嗎？你既是一個基督徒，當然是要得應許的，既然要想得應許，那麼請你捫心自問，細察你自己的隱密處，看還容納有罪嗎？如若有的話，請你趕快除掉吧！前進吧！

三.創 17 章 15-18 下

神應許亞伯拉罕生一個兒子，於是亞伯拉罕自己想了一個辦法，就生了以實瑪利，勉強成就神的應許。神不要人的辦法，所以神說要他從撒萊生子，他卻嘻嘻笑起來，心裡暗想：一百歲的公公，九十歲的婆婆，還有兒子生嗎？於是他回答神說：神啊，惟願以實瑪利活在你的面前。以實瑪利是什麼意思呢？就是自己的辦法。神很堅決地說：不然！不要！諸位你想一想：如今教會不景氣毛病在哪裡？就是有一個以實瑪利活在神的面前（自己的辦法），教會若感困難了，就自己想辦法，於是大家來開會，今天開會、明天開會、開會、開會，把主耶穌開走了，我並不是反對開會，就是開會的時候，沒有以主為首位。乃是以自己的辦法居先，即如開三點鐘的會，三分鐘的禱告，禱告後，高談雄辯，短篇長論，講才能，講學問，說什麼神學畢業的是第一等，聖經學校畢業的是第二等，我也並不反對學問。假如那大佬提議一件什麼事，這些小佬不分皂白，一味順從，舉手，因舉手的多，這就是神的旨意了。我說未必如是，神必說：不然！不要！我要看教會，辦了許多學校，許多醫院，卻有好多的學校不肯為主的名作見証，這樣的學校，這樣的醫院，拿來做什麼！不過是以實瑪利而已。但是神說：不然！神說：不要！尤其是醫院，自己不肯為主做見証，即使有傳道人到醫院來傳道，他還愁眉皺臉，嫌傳道人不曉得看光景，現在正是忙得不得了的時間，你還講福音。諸位！你看這樣的一個醫院，有什麼用處？如果一個醫院或一個學校不尊重耶穌，不以他為主，那樣的醫院學校，神定說：不然！不要！亞伯拉罕懂得神不要自己的辦法，他就不用自己的辦法。

四.創 22 章 1 節 2 節

神既賜亞伯拉罕一個兒子，這就是神的恩賜了。神為什麼又要他把這孩子獻為燔祭呢？這就似乎有點難解？我告訴你，神所要的就是他心裡的以撒，並不是表面的以撒，神要試驗他，看他愛神的心已經到了什麼程度，看他肯不肯把以撒獻上，這是末了的一步得勝的工夫，是成功的難關，所以好些基督徒，只要神的恩賜不要神，每每禱告的時候，只求恩賜不感謝神，不讚美神，不榮耀神，只求聖靈幫助他，聖靈好似他的佣人，呼之則來，斥之則退，猶如主人用僕人，要他來就來，要他去就去，要盛飯就盛飯，要泡茶就泡茶，要舀水就舀水，要這樣就這樣，要那樣就那樣，比如一個傳道人，他要講道之時，就求聖靈充滿充滿，一不上台講道了，那時就不需要聖靈了，就說：聖靈啊，你去吧。讓我來發一發老脾氣，待我需要你的時候再請你來充滿我，你看這樣的人，合不合理呢？

諸位，我告訴你平素就要過聖靈的生活，假如平素沒有過慣聖靈生活的人，他心裡所盼望的，是神的恩賜，神若恩賜給他，使他樣樣亨通事事順利，那他就歡喜，他還是求神恩上加恩就更好了。假如神要收回他的恩賜，那他就不肯鬆手了。假如神要勉強取了去，那他就因此冷淡了，甚至埋怨神，即刻就退到沉淪的地位上去了，這就是只愛恩賜，不愛神的緣故了。雖然愛神，只因恩賜才發生愛神的心。這樣的基督徒實在可惜！更是可憐！有一次我拿了一個橘子，放在手背後藏起來，就對一個小孩子說：你愛我不愛，那小孩說：我不愛你。於是我就拿出橘子給他看，他就馬上說：我愛你！我愛你！我說你不是愛我，乃是愛橘子。那小孩也老實，他說真實是愛橘子。所以許多基督徒像這孩子我今日很恭敬誠懇地勸諸位，愛神莫愛恩賜，切莫愛恩賜過於愛神，倘若神要收回他的恩賜，那麼你就棄了恩賜，只要愛神。

我有一個見証，說給諸位聽，就是我的妻子生小孩子的時候，才生下來，我就與與小孩子的娘一起跪下來禱告說：神啊，我感謝你，賜給我一個頭胎的孩子，願神賜福他，使這孩子長大了一生一世榮耀你的名。假如這孩子不能榮耀你，神啊，你就取去，我也願意，我還是愛你，你無論要我怎樣，我都愛你，直到永遠，阿們！亞伯拉罕完成了愛神的愛，所以才跨過這四大難關。這四個步驟就是基督徒在靈程上必須經過的。

問題：

1.你丟棄了世界嗎？　　2.你丟棄了罪惡嗎？

3.你還在用自己的辦法嗎？　4.你肯丟棄心中的偶像嗎？

Three Kinds of Love
三種愛
Circa 1981

撒母而耳記上 18:1-9 節

約拿單的心與大衛的心相契合，約拿單愛大衛，如同愛自己性命，那日掃羅留住大衛，不容他再回父家，約拿單愛大衛如愛自己的性命，就與他結盟，約拿單從身上脫下外袍給大衛又將戰衣、弓、刀、腰帶都給了他。 掃羅無論差遣大衛往何處去，他做事精明，掃羅就立他作戰士長，眾百性和掃羅的臣僕無不喜悅。大衛打死了那非利士人，同眾人回來的時候，婦女們說以色列各城裡出來，歡歡喜喜打鼓擊磬歌唱跳舞迎接掃羅王，從婦女跳舞蹈唱和說，掃羅殺死千千、大衛殺死萬萬，掃羅甚發怒，不喜悅這話，就說，將萬萬歸大衛千千歸我，只剩下王位沒有給他了，從這日起，掃羅就怒視大衛，從此看出三種關係。1. 掃羅與大衛 2. 百姓與大衛 3. 約拿單與大衛，三種不同的態度，三種不同的愛。

一、掃羅的愛

掃羅原為上帝與他同在，後因犯罪失去了能力，當非利士人來攻擊的時候，不能低估，尤其非利士人軍中的大勇士歌利亞，人人驚懼， 當時少年的大衛自願出戰，在強弱狂甚分明的情況下，大衛竟擊殺了歌利亞，使強勇的非利士人敗走，掃羅愛大衛，叫他作戰士長，並以女為妻之，當百姓返歸掃羅王，百姓歌唱大衛殺死萬萬時，掃羅不悅，將萬萬歸大衛，千千歸自己，只剩下王位沒給他，從此怒視大衛，這是掃羅王式的愛，是利用的愛，有利可用時就是愛。有許多基督徒對上帝有時也用了這樣模式的愛，當有苦難時，貧窮之時，有問題之時，無路可走，無處可投時，就到上帝面前，禱告祈求，但如上帝有旨意要他作什麼，要他奉獻什麼的時候，就趕快離開上帝，上帝的好處我們要的，上帝若向我們要什麼，就離開上帝逃跑了，這就是掃羅式的愛。

二、百姓的愛

當國家強敵壓境，岌岌可危，將被征服的時候，有少年大衛出來，勇敢的擊殺歌利亞，使國家轉危為安，不使百姓流離遭禍，他們佩服他，感激他，受了他的好處，打鼓擊磬歌頌他，贊成他，擁護他，然後各自回家。只要再沒有敵人來侵害他們的時候，他們就喜歡大衛。當大衛被掃羅關起來，要殺大衛，他們卻一言不發。這種模式的愛，只是在享受大衛能為他們所做的，他們與大衛之間沒有多少個人的關係。因此我們也會連想到，教會裡也有很多人，是到上帝面前享受了耶穌為他所作的救恩的成果，神所給的恩賜。

但我們對上帝對耶穌並沒有個別的關係，密切的關係，故有些人所要的是從上帝所有得的恩賜，而不會去想上帝可以得著什麼，這就是哥林多教會的毛病，保羅對哥林多教會說，你們在恩賜上沒有不及人的，恩賜多卻沒有進求愛，因為上帝就是愛，如今常存的有信、有望、有愛、這三樣其中最大的就是愛，你們要追求愛（哥前 13：13-14）。

換句話說，上帝就是愛，追求就是追求上帝自己，他們卻沒有去追求愛，只求恩賜，沒有求賜恩的主，有一個禮拜堂裡一個盲人鋼琴家奏樂很美，大家都非常感動，會後大家都熱烈交談，從沒有一人在會後去感謝他，安慰他，當盲人奏完最美的樂曲之後，站起來說，這是我最後的一次奏樂了，大家都驚奇起來，會後大家一致去挽留，他說你們聽的是我彈的琴，你們並不在乎我這個盲眼的人。我們同上帝的關係也如此，只要祂給我們很多，我們對上帝本身卻沒有個別的來往，我們想到上帝那裡去能得著些什麼，而不是想到上帝從我可得到什麼，沒有想到上帝賜我恩典，為的是要我愛祂。

三、 約拿單的愛

一、愛是約拿單的心與大衛的心深相契合，二者如未契合，如布交織，心同心有契合，當二者心契合以後，二者便成為一，當中無利害關係，約拿單所以將戰衣，弓、刀、都給了大衛，就靈意講、就是恩賜，上帝愛你會把這些東西都給你，末了約拿單死了，你可升王位，我可作臣宰，王位本應該是約拿單的，但他因愛大衛，願讓給他，約拿單死後，大衛說他愛我比妻子愛丈夫更多。耶穌愛我們甚深，為我們的罪死了，我們愛耶穌應該把我自己給耶穌，並不是想要什麼。

如拉撒路是個乞丐，他的名字意思是耶和華是我們的力量，拉撒路無錢、無友、無健康，死在財主之先，他什麼都沒有，為何在亞伯拉罕的懷裡，在神的面前什麼恩賜都沒有，有的就是上帝。當人的心與上帝的心連在一起時，只要上帝的心滿足就可以了，不在乎自己有什麼恩賜。當然希望每個人都有知識，但我作一個極沒有知識的人，滿足上帝的心是好的 ；希望作個有錢人，但我沒有錢能滿足上帝的心是好的 ；希望自己有口才，但我沒口才，能滿足上帝的心是好的 ；希望作個財主，但若叫我作拉撒路，能滿足上帝的心也是好的，約拿單愛大衛將自己的衣裳了，弓、刀並想把王位都給他，將自己的性命來保護大衛，約拿單死了，大衛後來也作王了，約拿單就是這樣的愛大衛。我們愛上帝，愛耶穌基督是掃羅式的愛，是百姓式的愛？是約拿單式的愛呢？

我們要對神說：專愛己，卻不愛祢？雖愛己，卻也愛祢，少愛己，更多愛祢？或不愛己，專一愛祢? 過去的羞辱，過去的得意，求你叫我忘記我過去的經歷，忘記十年前的，去年的上個月的，昨天的上一個鐘點，主啊求你使我忘記，求你使我做個才出生的嬰孩，那樣無依無靠的仰望你，求你使我努力面前，使我在你為我預備的道路上直跑，在你為我所計劃的工作上忠心，在你為我所規定的旨意上順服，雖如此，但求你不要讓明天憂慮來摸着我，我要看你今天向我所要施予的救恩。

主阿我相信今天的頭髮掉落一根，你在天上的簿子上必為我劃出一根，但願我天天生活和工作都和你天上的簿子上必為畫出一根， 但願我天天的生活和工作都和你天上的簿子相符，阿們！

The Relationship of Resurrection to the Individual Believer
復活對個別信徒的關係

Circa 1982

今天是復活節，我們來紀念耶穌基督的復活，在有些人是難以相信的，當時猶太人除了撒都該人外，雖然大家都有復活的觀念，當主耶穌將受死，死而復活的時候，他們的反應也是不同的。

一、不懂得復活的意義

馬可福音 9：10 節門徒將這話存在心，彼此議論從死裡復活是甚麼意思。他們不懂得復活的意思。

馬可福音 9：31：32 節於是教訓門徒說，人子將要被交在人手裡，他們要殺害他，被殺以後，過三天他要復活。門徒卻不明白這話，又不敢問他。

他們不明白，也不敢發問，當時他們的思想就為西庇太的兩個兒子雅各和約翰，要求耶穌在得國以後賜給他們榮耀，一個在左邊，一個在右邊，好像左丞又相一樣。路加福音 18：34 節耶穌講他要被凌辱，被殺害，第三日他要復活，這些事門徒一樣也不懂得，門徒們不懂得受死後還要復活，就是愛耶穌最深的抹大拉的馬利亞，她用香膏膏主，耶穌說祂作的事一樁美事，那是為耶穌安葬用的，她只知道耶穌的死，而不懂耶穌的復活，耶穌死後祭司長法律賽人和文士聚會說，這人曾說她死後要復活的，讓我們現在要防備他會被人偷走，要派人看守，巡撫彼拉多說我派軍兵看守，你們自己準備去吧，這是主耶穌未死前三番兩次的講給門徒聽話，他們就是不懂，他們跟隨耶穌三年之久，講道他們都聽，走路時他們都跟，行神蹟時他們都看，叫拉撒路復活時都在場，一等到耶穌說我要受洗，死而復活時，這些人卻完全不懂了。

二、尋找的就尋見

最後發現耶穌復活的，是那些婦女，她們在安息日一早便去耶穌安葬的墳墓觀看，聽見天使告訴此人不在此地，已復活了，她們便最先將這復活的信息，奔報門徒。她們之所以來，是尋找一個死的耶穌，將香膏膏在耶穌身上，但來時發現的卻是空墳墓，當天使對她們說，你們不要在死人當中找活人時，婦女們立刻奔去傳此信息，而抹大拉的馬利亞曾被耶穌在她身上趕出七個鬼，受益最深，愛也最深，她看了空墳墓認為不夠，一定要找到耶穌，她所找的也不是復活的耶穌，乃是找耶穌的屍體在那裡。

當她在那裡為耶穌的死，耶穌的屍體不見而哭時，忽然復活的耶穌向她顯現，她以為是園丁，對她說，你把他的的屍首放在那裡去了？耶穌一講話她立刻認出耶穌來，便要去摸他。在此我們得到一個教訓，抹大拉的馬利亞為何第一個見到復活的主？因為她心裡一定要尋見主，那些婦女聽到信息走了，彼得約翰來到空墳墓也走了，唯有抹大拉的馬利亞不走，一定要尋見耶穌，她便第一個見到耶穌復活的主，因此我們每一個信徒只見到十字架的主，埋葬的主，對一個靈裡不斷尋求的人，一定會尋見復活的耶穌基督。

三、心受感動，就得見復活的主

在以馬忤斯的路上，兩個門徒非常憂愁，忽然旁邊行走的人問他們何事憂愁呢？其中一個門徒道，耶路撒冷所發生的大事，彌賽亞釘死了，難道你們不知道？同行的人，就把聖經裡記載有關彌賽亞並復活的事講給他們聽，他們還是不懂，晚上耶穌在晚餐時擘餅遞給門徒，且忽然不見了，門徒才認出是主基督，他們有個憑據，不單是眼見了耶穌，同時當耶穌對他們講話時，他們的心裡火熱，有了感動，故耶穌向我們顯現時，我們的心裡會火熱起來，高興起來，憂愁化解，看不見世界的黑暗，世界的樣子也改變了，所看到的都是光明，當你遇見復活的耶穌，心受感動，就會感覺為此。

四、不要懷疑

他是又真又活的主，這兩個門徒回到耶路撒冷，把遇到主的事告訴其他的門徒，彼得對耶穌復活完全不了解，且看了空墳墓之後，仍放在心裡，並未傳揚耶穌已復活，這兩個門徒正講遇到復活的耶穌時，耶穌忽然向他們顯現，並責備他們的信心遲鈍，為甚麼你們心裡起疑念那呢？因為他們的心裡抱着懷疑的態度，為了證實他們心裡的疑念，耶穌要他們看自己的身體，並接過一片燒魚，在他們面前吃了，這時多疑的多馬不在，他們不以相傳的為信，乃要親自看到釘痕的手，並且一定要用指探入那釘痕，和受槍扎的肋旁，才相信當耶穌再次顯現時，就讓多馬親自用手摸他的身體，用指探入他的釘痕，用指伸入他肋旁的槍孔，求證的多馬立刻跪下，口稱耶穌是又真又活的主。

五、完全照聖經的預言復活

耶穌向門徒顯現時，再次向門徒提說從前所告訴他們的話，一個復活的主完全是按照聖經“摩西的律法，先知的書和詩篇上所記的，凡藉著我的話，都必須應驗，於是耶穌開他們的心竅，使他們明白聖經，又對他們說，照聖經所寫的基督必受害，第三日從死裡復活，並且人要奉他的名傳悔改赦罪的道。

六、教會建立在復活的根基上

主耶穌升天告訴他們在耶路撒冷等候天上來的能力，要被聖靈充滿。復活的前面要有十字架，復活的後面要有五旬節，復活之前他一定要受難、埋葬、復活之後升天，聖靈降下來，充滿這些人，賜他們口才，說起別國的話來，如彼得隨時傳引證聖經解釋耶穌之事，五旬節有一百二十人同心合意恆切禱告，不再爭誰為大，大家唯一的事情就是一齊禱告，等候上面來的能力，五旬節到了，聖靈降下就形成了當時的教會，故教會的成立，一方面證明耶穌的復活，一些心灰意懶，四散退去的人又回來勇敢的見證耶穌的復活，不惜犧牲生命，從前的軟弱，又得着了能力，另一方面耶穌復活了，門徒的禱告，聖靈降下成立了教會，故耶穌復活是教會成立的根基，教會是因著復活而有的。

結論：今天我們在復活節紀念耶穌的復活，讓主在我們心裡作工，摸著到我們的心，讓不了解的要了解，讓懷疑的要相信，接受死而復活的主，讓聖靈充滿我們，到處傳揚耶穌基督復活的道，上帝既然能創造第一個生命，上帝更能必叫基督從從死裡復活，上帝能叫基督復活，也必叫眾人在死後復活，基督徒應有一個堅強的信仰，耶穌基督復活了，我們有一天都要從死裡復活，在世上建立一個天國。

Convivial Prayer
抒情禱告
Circa 1982

禱告，現在大部份人都是一種代禱性質，都是向上帝有所求，於是禱告變成了一種代求。我們過去曾提倡過讚美的禱告，但很不易禱告，因為大多數不會讚美。另一種我謂之抒情的禱告，將內裡緊張的情緒應該有情感發洩出來，直接地表示出來。其實，無論詩、詞、歌、賦或禱告都有一個共同點，就是情感的抒發，禱告或唱詩，都能觸到屬靈的情感，我們要表示此情緒，藉著在禱告上，可謂之抒情的禱告，過去我們未曾將我們的情感向上帝表示愛念，都只有向上帝祈求希望得著什麼，這是另一方面的領受，並無感情的交織，這完全是現時的關係，但抒情的禱告，不是勉強而發，乃是將個人的情感，寄到上帝的面前，述說出我們真心的話，詩篇是些抒情高度的表示，茲擇舉為次：

一、愛

詩篇 18:1 節 耶和華我的力量阿，我愛你。

大衛經過很多的困苦，也有很多的仇敵、掃羅及其手下都想逼害他，上帝拯救他脫離各種的困厄，他感謝上帝感謝到最後就是讚美，讚美到最後就是愛"

31-32 除了耶和華、誰是上帝呢。除了我們的上帝、誰是磐石呢？惟有那以力量束我的腰、使我行為完全的、他是上帝。

上帝的能力，在外面給他的拯救，脫離苦難，在裡面又給他道德的力量，作一個完全人，最後認識到上帝的能力，上帝最後的目的是要我們愛他，因此我們感恩讚美到最後應該從心的深處發出"我愛你"的話來。

二、仰望

詩篇 25：1 節 耶和華阿，我的心仰望你。

仰望是抬頭看，另一釋意是把你的心高舉起來，也就是將心給了上帝，當受苦之時只有一心仰望上帝。

詩篇 25:15-20 節　我的眼目時常仰望耶和華，因為他必將我的腳從網裡拉出來，求你轉向我、憐恤我，因為我是孤獨困苦。我心裡的愁苦甚多，求你拯救我脫離我的禍患。求你看顧我的困苦，我的艱難，赦免我一切的罪求，你察看我的仇敵，因為他們人多．並且痛痛的恨我，求你保護我的性命，搭救我使，我不至羞愧因，為我投靠你。

我們年歲大的一代，過去都因經濟上的困苦仰望主，現在年青的一代，能生在富足之中，不在經濟生活上有困苦，而在精神上卻是孤獨困苦，有艱難的，在內心裡的苦悶，靈裡的迷失，神經的破碎，更應該把心給上帝，更是應該仰望神的時候。

三、渴慕

詩 42：1-3 節 上帝阿，我的心切慕你，如鹿切慕溪水，我的心渴想上帝，就是永生上帝，我幾時得朝見上帝呢？我晝夜以眼淚當飲食，人不住的對我說，你上帝在那裏呢？

不但是知恩愛上帝，有憂愁仰望上帝，進而渴慕上帝，如口乾舌燥的人急想喝水的迫切，就應如何的渴慕上帝，想見到他的面，我們的心這樣愛上帝，我們願意去見祂？在表面上講，我們喜歡做禮拜，禮拜可以朝見上帝，在家我們喜歡靈修，因為靈修是上帝向我們說話，神向我們顯現，我們愛見上帝的面，我們喜歡在那裡思想，在那裡揣摩，在那裡安靜，上帝向我們顯現，我們渴慕上帝見到祂的面，如鹿渴慕溪水。相反地卻有很多人去渴慕世界。三十年前 1952 我從東京到神戶，在火車上靜默的靈裡與主相交，充滿著感情的依戀，於是我即興賦詩記念，也是抒情的禱告。

與主靈交

1. **與主靈交，與主靈交，靈裡為主陶醉，如鹿渴慕溪水，**
   有主才有安慰，有主才有安慰，與主靈交，與主靈交
2. **與主靈交，與主靈交，外似默默無聲， 心則悠然上騰，**
   熱情向主流奔，熱情向主流奔，與主靈交，與主靈交
3. **與主靈交，與主靈交，主言句句甘甜，主面令我默念，**
   主愛感我心田，主愛感我心田，與主靈交，與主靈交
4. **與主靈交，與主靈交，永遠貼近主懷，心靈交流無礙，**
   一心唯主是賴， 一心唯主是賴，與主靈交，與主靈交

中世紀的天主教徒，雖然有很多錯，但有一件事是他們做的而我們現代基督徒未做，他們多用思念的功夫，默念的功夫想到他們精神上與上帝同在，可以說今天的基督教是活動主義，中世紀是默想，安靜的生活，叫人多思想，我們應該聯合二者，外面多活動，內心裡要專誠愛主，同上帝打成一片。此外，多年前，我因受了許多痛苦，以為上帝不愛我，其實在受苦痛以後，才覺得上帝很愛我，我禱告，賦詩禱告，也是抒情的禱告，馬上段均由人譜曲其中之一

現在我知

1. 你未應允我的呼求，你未理睬我的蒙羞，
   我受困逼你未解救，現在我知祢是愛我
2. 你的慈容變為厲色，你的溫柔變為嚴格，
   你的撫摸變為杖責，現在我知祢是愛我
3. 我向前時你要我退，我求歡樂你給眼淚，
   向你訴苦你就責備，現在我知祢是愛我
4. 如今我要心口同吟，頌你大愛讚你用心，
   衷誠體會你的深情，現在我知祢是愛我

副歌：現在我知祢是愛我，現在我知祢是愛我，時間愈久，我愈知道，愈久愈知， 祢是愛我

我們禱告要交流神的愛，在我們裡面，我們的愛到神那裡去，變成了我們，真正的靈性生活的根基，因之，我們個人的禱告或團體的禱告，我們應該注重到抒情方面。

Eternal Plan of God
上帝永恆的計劃
Circa 1982

上帝愛世人，甚至將祂的獨生子，賜給他們，叫一切信他的不致滅亡，反得永生。

約翰福音 3：16 節

上帝永恆的計劃，這是我多少年來在我的信仰背後的一個教育，這個教育是我有今天的信仰，有今天的生活和有今天的看法。我曾經問過大家，上帝愛世人，甚至將祂的獨生子，賜給他們，叫一切信他的不致滅亡，反得永生。上帝愛我們，把愛子賜給我們，叫我們得救重生。

現在我問一個問題，當初是不是上帝造了人，為的是要叫祂兒子可以來救我們，上帝要表現祂的愛到一個地步，就把人造出來，讓人去犯罪，然後把祂兒子降下來表現神的愛。因此，上帝造人，造世界，聖經整個的中心，都是最後的目的，就是救恩叫我們得救，上帝真好，造出人來，讓人犯罪，然後顯出祂的愛來，然後叫我們得救，我們得救以後重生了，我們追求靈性，我聖靈充滿了，都是我我我。這一種的靈性的追求看法，叫作個人得救，有人批評的，自由派的人也批評個人得救，懂聖經的人也反對這一點，個人得救不是錯，把個人得救，個人靈性當作唯一的東西最高的東西而忘記了神為什麼會有救恩的，這是我們對研究聖經很大的虧欠，所以我們要懂得我們個人的得救，我們的重生，我們的生命我們的靈性本身有什麼意義呢。

我們要懂得上帝從頭到尾所安排的什麼計劃，上帝安排的旨意是什麼，在上帝永恆的計劃裡，看見我的個人得救、我的靈性追求、我的聖靈充滿是什麼意思，我這一生做了為什麼工作、對教會、對社會、對國家、在神整個計劃裡認清楚。

在聖經裡就時間而講，第一句開始「起初上帝創造天地在這起初之前是因上帝已經有了計劃的，這計劃在那裡？以弗所書 1:8-10 節 這恩典是上帝用諸般的智慧聰明，充充足足賞給我們的，都是照著他自己的豫定的美意，叫我們知道他旨意的奧祕，要照所安排的在日期滿足的時候，使天上地上一切所有的，都在基督裡面同歸於一。

我根據英譯本用現代的名詞解釋為”因為上帝准許我們知道祂計劃的祕密，即是祂在君權的意志當中，把人類的歷史，將來在基督裡達到巔峯，使天上地上的萬有都在基督裡得到完全同歸於一”或叫耶穌在凡事上居首位。 這一節聖經講出來就是上帝原來就有一個計劃，這個計劃在人類的歷史裡面，上帝要天上地上將來都在基督裡面能夠得到完全同歸於一。

我們人做事都有計劃，你對你這一生有沒有計劃？你對家庭有無計劃？一個國家有無計劃？社會有無計劃？整個人類有無計劃？整個宇宙世界有無最後的計劃？從有計劃就會想到目的，我個人有什麼目的、家庭、國家、社會、人類、世界、整個的宇宙有什麼目的？這些問題是我們平常不想的，誰去想宇宙有什麼目的，如世界上人人有飯吃，能使世界大同就算是目的了嗎？共產黨所想像的無階級的社會到底有何目的呢？整個宇宙有無計劃，有無計劃有無目的呢？

亞理斯多德說：世界有四個「因」如用橡樹子為喻，橡樹子一定有它的材料因，在物質方面，材料因，在物質方面材料因會成長，照着橡樹的型式成長，它為什麼會長？那是有一個力量叫它長，還有一個目的，最後要它長成橡樹來，唯他講的是承認宇宙中有一個型式因，能力因，目的因。所謂唯物主義，是講物質裡面沒有一個目的因，沒有計劃。就是進化論的進化，有何計劃？有何目的？唯物論最不合理的地方就是它沒有計劃，沒有目的，但亞理斯多德所講的計劃目的是在它自己物質裡面它本身就有的，不是我們講的上帝。我們所講的上帝是創造世界的，祂有計劃的創造世界，祂有方法創造世界，有祂的定律創造世界，有祂的目的創造世界，基督教相信是一個有計劃的世界，神所計劃的宇宙，因此。我們也相信神所計劃的人類，我們也相信一個神所計劃的國家。愛國者應該認識到神對一個國家有祂的計劃，神對社會有計劃，神對妳家庭對你本身都有計劃，我們所信的上帝是個有計劃，在永恆之中就有計劃的上帝。如此我們就懂得以弗所書第一章所說神的奧祕。

神的計劃是什麼？神的計劃就是叫天上地上的一切將來都要在耶穌基督裡得以完全。得以達到祂的任務，歌羅西 1：16 節 因為萬有都是靠他造的，無論是天上的地上的，能看見的，不能看見的，或是有位的、主治的、執政的、掌權的、一概都是藉著他（獨生子）造，又是為他(兒子)造的。一個幼兒，在他的小世界裡有一幼稚的看法，就是一切是為他，今天我們每個人都只想到自己的得救，也是幼稚的想法，教會裡如果只想自己屬靈的造就，也是幼稚的看法。

當然神創造了亞當夏娃，因為他們沒有聽神的話，照神的思想管理這個世界，他們犯罪了，天父差遣主耶穌來到世界，為的是要拯救人，不但如此，且要拯救世界，羅馬書八章講個人得勝，然後講到全世界宇宙所有受造之物都在勞苦嘆息，希望將來一同在復活後，身體得贖，整個宇宙都得救了，世界是為耶穌造的耶穌是承受萬有的，一切都是為着他，保羅說：「我們傳道是為着你們，你們是否為着耶穌，耶穌為着上帝，到最後一齊都要歸於耶穌，歸於上帝。所以計劃是以耶穌為主，有一天耶穌得到世界，從天降臨建立了世界，耶穌作王，我們也和他同掌王權，進入新天新地的時候，耶穌在把他們，國家交還給天父，這就是上帝整個計劃。

我曾在建國七十週年記念感恩大會上講過，今天我們對國家教會的觀念，要把它放在神的旨意裡面看。你真的愛國嗎？應在基督裡愛國，你要拯救人類嗎？應在基督裡拯救，否則都是錯的，既然神要耶穌居首位，就是他整個的大計劃，無論個人、世界、社會、國家、一切都要歸在主耶穌基督的名下，凡不屬於神的都是錯的，一個要打倒上帝，不要基督的國家，上帝怎能和它同在？基督徒怎能去擁護這樣的政府國家呢？這就是基督徒要清醒認識的真理，注意神永遠的計劃。

上帝允許我們知道神的計劃的祕密，讓我們懂得祂的計劃，若有人問上帝為什麼要有計劃呢？我只有回答說”不知道”因為這是上帝的權力，是我們人無法滲透的，因為上帝的意念高過我們的意念，上帝的道路高過我們的道路，上帝的計劃。豈是一個人所能測知的呢？牛頓有句名言，當人讚他的成就時，他說”我正如小孩子在大海邊拾到一粒貝殼而已。愛因斯坦說：整個宇宙中滿了理性，我要用我的理性去想宇宙的理性，真叫我驚愕不已，我是什麼人，能知道上帝的計劃呢？

早年在中國神學界裡最有權威的賈玉銘牧師講道每講到最深處時，不住搖頭蓋眼讚道，這真是奇妙，簡直莫名其妙，莫名其妙，那是他感到妙不可言，以致不懂了。如果上帝的事給我們一看就懂，上帝就不是上帝了，他的計劃包括了天上的、地上的、執政的、掌權的、現在的將來的、一切一切都在裡面，我不認為領人歸主靈性追求是基督徒個人的最高峰，因為神的旨意是包括一切的，沒有一樣能脫離上帝的計劃，不單是上帝，我們人的一切事，也沒有一樣不在魔鬼裡，俟機侵襲之中。因此上帝所管的無論個人、家庭、思想、文化、社會、教育、國家、都在上帝管理之中，換句話說，當上帝的力量運行在人類的歷史中時，運行到我們這一階段，我們的國家、社會、個人、家庭、達到神的目的沒有？沒有一個國家、社會、是上帝最高的表現，最高的表現是主耶穌再來，他的國家一切的一切都是在神整個的計劃裡，因此神運行在我們人類的歷史裡，歷史是動的。

從亞當夏娃犯罪之後，人類歷史是往前推動的，你我的生命，也就佔了那動的歷史裡的一環，在那環節上起作用，經上說：大衛遵行上帝旨意服事他那世代的人，「大衛在那個環節上起了作用」我們每個人的生命是上帝所給的，將生命交給神，在神整的永恆計劃中，神叫我們作的一部份工作，在那短暫的年歲時限裡，神叫我們作的就是有價值的，個人如此，家庭如此，一個國家也如此，無論個人，國家都是在歷史推動的一部份，我們時刻都作一個為撒但爭戰的鬥士，在這一生爭戰中，要成為一個成功的戰士，完成上帝交託的使命。

我們在歷史的運行中，人類的生生死死，直到最後主耶穌再來，天國成就，那時宇宙復興，自然界也改變，人都復活，耶穌作王，我們基督徒與耶穌同掌王權，如此天上地上在基督同歸於一，基督在凡事上居首位，世界萬有都在耶穌基督裡得以完全，得以成功，同歸於一，因此我們要知道在神的大計劃中，我站在那個部位，家庭站在那個部位，國家站在那個部位，這樣去遵神的旨意行，在世度餘下的光陰，最後的目的。以所書弗 1：11-12 節，我們也在他裏面得了基業，這原是那位隨己意行作萬事的，照着他所豫定的，叫他的榮耀，從我們這首先在基督裏有盼望的人，可以得着稱讚。

Filled with the Holy Spirit
聖靈充滿的人

Circa 1982

今天所講的內容包含兩個方向的問題：

(一)、關於平信徒選派做執事服侍主的人的資格問題：有人說 A. 必須照聖經講的靈性達到了某個地步才能服事主，最要緊的是要被聖靈充滿。B. 就在平信徒中挑選比較別人長進的人服事主亦可。我認為前者必須以靈性、信仰、經驗、聖經的知識達到一個程度以後，才能被選派為執事，做平信徒的領袖。

(二)、關於有些教會非常注重聖靈充滿的經驗的問題：假如聖靈充滿合乎聖經，真的被聖靈充滿的經驗，那不過僅是被那個聖靈充滿的特別的時間的經驗而已，至於聖靈充滿他，而充滿以後對他這個人有何影響？如瓶充滿了水或油或毒藥或......充滿的內容更有不同，因而起的作用，對他的影響遠比滿的時候溢出什麼更重要，這也就是說你裏面有了靈以後表現如何？做了什麼工作？這才是要緊的所在，徒 6：3-5 “所以弟兄們，當從你們中間選出七個有好名聲、被聖靈充滿、智慧充足的人，我們就派他們管理這事。但我們要專心以祈禱、傳道為事。” 大眾都喜悅這話，就揀選了司提反，乃是大有信心、聖靈充滿的人 ” 這裡兩次提到“聖靈充滿的人”是聖靈充滿的那個人，五旬節聖徒被聖靈充滿，是那一個時候被聖靈充滿的經驗，之後，這些人我們知道是經常被聖靈充滿的，聖靈的力量，整個透過到他們人裡面去，重點不在於被聖靈充滿的那個時候的經驗，乃是聖靈在那個人裡面所做的工，比充滿的表現更重要，因之我們因知道聖靈是：

一、聖靈是真理的靈

約 14：17 聖靈“就是真理的聖靈”，約 15：26“但我要從父那裡差保惠師來，就是從父出來真理的聖靈”約 16：13“只等真理的聖靈來了，他要引導你們明白（原文是進入）一切的真理 ”聖靈是真理的靈，他來是要把真理啟示給我們，在我們心裡做真理的工作，我們常把個人的經驗看重高過真理，其實聖靈充滿以後是把真理帶到你心裡，使你更明白真理，而非只沉浸於經驗中，一個被聖靈充滿的人，聖靈自然而然地會叫他注意到真理，進入真理得著真理，格外在真理上有根有基，對聖經的真理更能了解。

二、聖靈是基督的靈

羅 8：9“人若沒有基督的靈，就不是屬基督的”我們重生得救以後，心裡有了基督，聖靈住在我們心中，就把基督帶到我們心中，因此聖靈就是基督的靈。約 16：14 說聖靈來了，不是榮耀自己，乃是高舉基督。“他要榮耀我”基督在你心中居首位，聖靈充滿你也就是基督充滿你。聖靈不會告訴你我來了，而是把基督給你，叫你裡面滿了基督。比如一個氣球被氣充滿，我們只看到球大起來，殊不知實是氣的作用，所謂聖靈充滿就是把基督擴大在你裡面，裡面都是基督，何時才知氣球裡面是氣呢？當被扎到漏氣時。當人被聖靈充滿自感自滿足被聖靈充滿之時，便是走氣之時。如真是被聖靈充滿時，當叫基督在你裡面顯大。

三、聖靈是生命的靈

基督的靈、生命的靈，基督生命的靈固屬一件事，原則上分析起來，基督的靈和生命的靈在理論上有所不同，當你信耶穌之時，就有生命的靈在你裡面，被聖靈充滿以後，你那個生命就豐富起來。因信主我們就得生命，因聖靈充滿我們就得著豐富的生命。有些人自認被聖靈充滿是沒有內容的，一時的經驗，對他們有什麼內容呢？在他身上有什麼作用呢？聖靈是生命的靈，生命的靈充滿以後裡外都有了生命。因此，釘十字架的生命因聖靈充滿而活出來，復活的生命因著聖靈充滿而顯出來，使人一望而知，在未被聖靈充滿之前，有一點生命如弱燈之光，但被聖靈充滿之后，有如強光之燈，在生命”之擴展，浸到外面表現出聖靈充滿後在生活上有顯著的不同。

四、是一個屬靈的人

一個被聖靈充滿是一個屬靈的人，林前 2-3 章裡保羅把人分為三種：沒有得救的是屬血氣的，得救之後順從情欲的是屬肉體的，另一種便是屬靈的人。屬靈的人便是被聖靈充滿的人，他的質是屬靈的，屬靈的人要有屬靈的眼光，能看透萬事，世人就看不透它，故屬靈的人往往被屬肉體的逼迫，因為群眾不認識屬靈的人，只認識屬肉體的人。屬靈的人是吃乾糧的，屬肉體的是吃奶的。當一個人靈程進步時，有些人只能吃奶，吃消化過的東西，一個屬靈的人是吃乾糧自己消化。屬肉體的有紛爭嫉妒，什麼地方教會有紛爭嫉妒，什麼地方就屬肉體。在教會裡從生活上可以看得出來屬靈人。

五、聖靈是結果子的靈

加拉太書 5:22 節“聖靈所結的果子，就是仁愛、喜樂、和平、忍耐、恩慈、良善、信實、溫柔、節制”裡面有了生命，外面就會結出果子，雖生命成長有程度的不同，因而結出的果子也有多少的不同，若被聖靈充滿，一定在他生活裡會結出果子來。愛是聖靈充滿的一個果子，羅馬書 5:5 節“因為所賜給我們的聖靈，將上帝的愛澆灌在我們心裡”那個愛在我們心裡也要流出來的，對上帝對人，要將這個愛流出去，故看聖靈充滿的人，要看他是否有聖靈的果子結出來。你若真被聖靈充滿，會從裡面結出果子來，將這果子自然地從裡面流露出來。

六、聖靈是能力的靈

路加福音 24 章講主耶穌升天之前，先將復活的主向他們顯現，然後將聖經裡肉體死而復活的道理講給他們聽，然後要差派他們出去傳福音。三件事：A.親見復活的主 B.從主那裡開他們的心竅 C.受差遣，但其條件是，你們要在耶路撒冷等候那從上面來的能力，他們等候禱告，直到五旬節他們得著能力才去傳道，如果你真是見到復活的主，真是懂得真理真，真是蒙差遣，若是沒有聖靈，你應該等候聖靈來給你能力，你才去做。

總結

聖靈是真理的靈、基督的靈、生命的靈、是屬靈的靈、是結果子的靈、是能力的靈，故我們提到聖靈充滿時，雖然確有人有特別的現象，我們不應該只注意充滿時發生那現象。有無現象是次要的，重要的是充滿以後，這個人改變得如何，真理如何？生命如何？能力如何？是屬靈人如何？今天信徒沒有完全得著聖靈充滿，牧師、信徒大家都要負責任，你追求沒有？如使徒能得聖靈充滿，是由於一百二十人在馬可樓上同心合意的禱告，他們有禱告才被聖靈充滿，沒有禱告為何能被聖靈充滿？你禱告沒有？主耶穌復活以後一次向五百人顯現，然而參加禱告的只有一百二十人，其餘沒有去追求，沒有去禱告，因而沒有被聖靈充滿，只有那些願意撇下一切願意去等候的人才被聖靈充滿。因此我們教會雖需要人服侍，但要合乎一定的標準，希望大家一起來追求，參加禱告會，參加查經班，被聖靈充滿的人來作神的工作。

Seeing and Believing
眼見與信心
Circa 1982

哥林多後書 5 章 7 節

因我們行事為人，是憑著信心，不是憑著眼見。

我們要了解這節聖經的上下文，必須先研讀林後 4 章到 5 章。4：16-18“所以我們不喪膽，肉體雖然敗壞，內心卻一天新似一天，我們這至暫至輕的苦楚，要為我們成就極重無比的榮耀。原來我們不是顧念所見的，乃是顧念所不見的。因為所見的是暫時的，所不見的是永遠的。”

從這節可以了解眼見與信心的道理。保羅說基督徒在這一生都要受很多的苦楚，不過他看這些苦楚是至暫至輕的，為與將來成就極重無比永遠的榮耀，現在的苦楚，就不足介意了。這當然要看在一個人對它價值的評估。今天的苦楚是暫時，將來的榮耀是極重無比的，有此標準就可以決定苦楚與榮耀的份量。保羅原則上是顧念那看不見的，不是顧念那看得見的。更大的緣故是所見的是暫時的，所不見的是永遠的，看得見的是半真半假的，看不見的才是真的。林後 5：1 講到身體的關係，“我們原知道我們這地上的帳篷若拆毀了，必得上帝所造，不是人手所造，在天上永遠的房屋”。帳篷可比做身體，也可看作世界。我們住在這地上的帳篷裡，就有勞苦，就有嘆息，而天上有上帝所造的房屋，那是永存的。有一天，我們地上的帳篷被拆毀，我們可以住在天上的房屋裡去。

今天的青年人在物質上很豐富，在心裡精神上的壓迫，覺得人生是很痛苦的，深想得著天上的房屋。“好像穿上衣服，倘若穿上，被遇見的時候就不至於赤身了。我們在這帳篷裡勞苦嘆息，並非願意脫下這個，乃是願意穿上那個，好叫這必死的被生命吞滅了。” (林後 5：3-4)聖經裡講的不是出於主義，身體既然不好，就趕快死吧，而是說並不願意把這個脫下來，我更願意穿上那個。(腓 1：23) “我情願離世與基督同在，因為這是好的無比的”我自己是想到基督那裡去，可是為著工作，為著你們，我又不能去死，這裡說我不是不愛這個身體，不愛今生，而是更想到那永遠的事。(林後 5：5)“神又賜給我們聖靈作憑據”聖靈住在我們身內，就是一個憑據。因此我們就能夠坦然無懼，不管是住在身內，住在身外，今生有今生的本分，來生有來生的快樂。在此情形下，保羅說我們行事是憑著信心，不是憑著眼見。或有人認為沒有眼見，都是空中樓閣，今生的投射迷信吧了，可又有誰眼見過死後就沒有的呢？

一個法國哲學家又有宗教虔心，他講了一個打賭的辯論，因為誰也不知道死後有或沒有，你賭，1.如死後沒有，我也信沒有 2.死後沒有，我信它有了，3. 如死後沒有你信它沒有？4 如死後有你也信它有（誰對誰錯，誰輸誰贏？）基督徒就是相信神的存在。那麼我們今天怎麼看法呢？我們現在的身體是暫時的，我們將來的存在是永久的。請問你在此人生中，採取何種態度呢？

故保羅決定“我們行事為人是憑著信心，不是憑著眼見。”

其實眼見的東西一定會真嗎？好像我們整個生活都在靠眼睛，看得見才真，看不見的不真。其實真正要緊的東西乃是那些用眼睛看不見的。進一步講，眼見豈只是僅眼而已，為耳朵所聽，鼻子所聞，舌頭所嚐，手指所摸的不更真實嗎？換句話說，凡感覺得到的為實在，所謂感覺主義，經驗主義，是我生命的基礎，而不憑信心，若如此，豈不與動物生活無異。動物是憑感覺無理想，無思考的，無見解的，可是人是超過動物的。我們一切所有的人生最後的價值，最後的目標還是高過了經驗和感覺。這是這節經文的上下文意思，保羅所講不是憑眼見乃是憑信心。

上次我參加了一個討論會，有位剛講從別處領洗的弟兄說我信耶穌，我得救沒有還不敢講。有一天我死後天堂的門為我開，我就知道我得救了，他要看見天堂的門為他而開才知得救，這種就是眼見主義，而聖經上告訴我們的是因信就得救。(約 3：16)“神愛世人，甚至將祂的獨生子賜給他們，叫一切信祂的不至滅亡，反得永生。”他又問，既然如此我又犯罪將如何呢？他不知得救與犯罪是兩回事，一方面信耶穌，一方面又不知自己得救，豈不矛盾嗎？羅馬書說“因信稱義”稱義就是完全憑信心的。你被神稱為義了，自己的眼睛豈能看見？眼睛看不見的上帝就真稱你為義了，不是我們要憑什麼感覺，只是根據神的這句話，出於聖靈作工，改變你的人生觀念，建立一個不同的人生目的，那都是得救以後的事，可是信耶穌就得救了，這是一個憑感覺的，不是憑眼見，乃是憑信心的。

但以理的三個朋友，被丟進火窯中，另有一個像人子與他們同在，換句話說神與你同在，不是自己時刻可以感覺到的。以利沙的門徒，清早起來一看，多坍城周圍都是被敵軍所圍，就害怕，問以利沙說“先知哪，敵軍這麼多。”以利沙說不要怕，與我們同在的比與他們同在的更多，他們信，以利沙禱告求耶和華開這少年人的眼目，於是門徒才看見滿山有火車火馬圍繞以利沙（王下 6：15-18）。我們肉眼看得見看不見是另一個問題。神與我們同在，這是我們該以信心領受的。

最後，我們得到聖靈充滿，被聖靈充滿的條件 1.認罪悔改 2.順服相信。認罪悔改了，相信了，求上帝充滿你。你相信我求過上帝充滿，並相信已經被充滿了，有感覺也好，無感覺也好，你禱告了，上帝就充滿你了。充滿的時候，有什麼感覺，有什麼感情，看見什麼，都沒有關係。主耶穌對多馬說：“你因看見了我才信，那沒有看見就信的，有福了。”（約 20：28）保羅說行事為人，不是憑著眼見，憑著感覺，憑著情感，乃是憑著信心。信上帝的話，有沒有憑據在外面，不是一回事。不要把信心建立在感覺上，感情上，外面表現上。

總結

實際上看不見的比看得見的更重要。哥倫布憑著信心，信地球是圓的而發現了新大陸。故憑看見是後覺，憑信心是先覺，主耶穌要我們信上帝是真實的，那是看不見的。世界也是真是的，但是暫時的。只有上帝是永恆的，是實在的。我的身體可以毀滅，盼望生活在永恆裡。這至暫至輕的苦楚不算什麼，因為前面有那極大無比的榮耀為我存留。

Where is the Wise Man?
智慧的人在哪裡
Circa 1982

引言：傳說蘇格拉底常白天打著燈籠到處尋找智慧。另一個傳說希臘神中之一說蘇格拉底是世界上最有智慧的人，但他否認，他說自己是天下最笨的人。一個像諸神的祭司對他說，因為你自知是最笨的人，所以你才是最聰明的人。

哥林多前書 1：20 “智慧人那裏”（上下文另講）歌羅西書 2：1-4 講到在基督耶穌裡有豐富的知識和智慧。在聖經裡面知識和智慧有很大的分別，一般人的思想中聰明有知識的人就有智慧，凡有智慧的人就有知識，其實**所謂知識就是：**

一、洞悉--知道的很透徹；

二、知道--認識和理解事物；

三、穹理--道理研討的很精深，同時字典上說一個人對一切的事實，由經驗和觀察所得到的認識謂之知識。

而智慧的解釋：

一、技巧--專家之長；

二、有學問的人為哲學神學；

三、會計劃--並按計劃知道為何實行，

在字典上說對人、對生活、對行為的是非有所了解，在做決定的時候，有健全的判斷。如此人對生活，對行為的是非，能了解，做決定時，是他的判斷是健全的，這就是有智慧的人。保羅說：“智慧人在那裏”，如果說智慧就是對人、對事、非做正確的判斷的話，我們人的一生這漫長的歲月，經歷了多少的人、事、是非，由我們去判斷，其中能有幾多是對的？因之想到“智慧人在哪裡？”

哥林多教會是一個屬肉體的教會，信了耶穌，但裡面充滿了肉體，他們滿有知識。知識是叫人自高自大，他們充滿了驕傲。猶太人求神蹟，他們希利尼人求的是智慧。猶太人追求的是五餅二魚能吃飽的神蹟，便擁他作王，而不是接受他做救主。在希利尼人中（即希臘人，哥林多並不在希臘，但卻受希臘文化影響追求智慧。

保羅在雅典佈道時，講到宇宙觀、人生觀、歷史觀、世界觀等他們聽得進去，最後講到主耶穌到世界來死而復活，將來還要再來審判世界時，他們卻不能接受，因為他們都以思想、理性哲學來判斷的，不是來接受神的救恩的。若傳神的救恩，就是耶穌被釘死在十字架，為人贖罪，叫人信他，與他同死同復活，罪就得赦免，這就是救恩。

在智慧人來看，難以相信，此乃愚拙之事，保羅所傳得救重生，死人復活，十字架的道理，他們不能相信，但保羅說我已把福音傳到在你們當中，你們已接受得救重生，知道福音是真實的，那些智慧的人到那裏去了？那些辯士到那裏去了？上帝的大能就作了人所認為愚拙的事，叫有智慧的人羞愧，原來上帝的愚拙總比人有智慧，上帝就是命定十字架是我們得救之路。

一、聖經上第一次提到智慧是在創世紀第三章“蛇對女人說，上帝豈是真說不許你們吃園中所有樹上的果子？”女人於是懷疑了，見那果子又好看，且是可喜愛的，又叫人有智慧，能同上帝一樣的知道善惡，於是她吃了，就犯罪了。為何吃了一個果子就犯了大罪呢？殊不知審定是非，判別喜愛是以上帝為標準，因以上帝來決定，這是上帝所創造的秩序，而女人要吃那果子的意思，是她要能分辨是非善惡，由她來定，這所犯的錯是何等的大呢？一個被造的人，想把是非的標準從上帝的手中拿來由她決定，換句話說，是人來衡量一切，不是由上帝來衡量一切，是非善惡是人所衡量的，不是上帝所衡量的，這樣的求智慧實際上是做了最愚笨的事，求智慧反求得愚拙。

二、亞伯拉罕和侄兒羅得住在伯特利和艾的中間，彼此富有，因此窮的牧人們時常爭吵，亞伯拉罕說讓我們分開吧，遍地都在你眼前，凡你喜愛之地盡都歸你，你向左，我向右，你向右，我就向左，於是羅得舉目觀看約旦河的全平原直到瑣珥都是滋潤的，如同耶和華的園子，就揀選了最好的約旦河全平原，往東遷移，漸漸挪移帳棚直到所多瑪，那時所多瑪人在耶和華面前罪大惡極，雖然羅得心裡是為那些罪人憂愁，實際上他們也是罪惡社會裡的一份子，結果所多瑪、蛾摩拉被上帝用硫磺與火毀滅。

羅得雖被救，但妻子變成鹽柱，財產盡失，女兒下場可悲。他以為是智慧的投靠罪惡，與罪惡妥協，為要得著財產，結果變為愚拙，而亞伯拉罕得著羅得不要的荒地，上帝說從你所在的地方，你舉目向東西南北觀看，凡你所看得見的一切地，我都要賜給你和你的後裔直到永遠。一個揀選上帝道路的人，上帝會賜給他，不需要去犯罪求取。比較起來羅得和亞伯拉罕誰有智慧呢？

三、司提反提到摩西在王宮裡，徒 7：23 學了埃及人一切的學問，說話行事都有才能他也自認是一個有智慧的人，那時要以拯救自己同胞為己任，憑意而行，但遇到困難後，卻逃到曠野四十年之久，上帝呼召他，他卻說是個拙口笨舌，不會講話的人，看來似與說話行事都有才能產生矛盾，須知摩西在王宮裡有地位、有權威、有能力、有政治勢力，一切稱心，可以隨心所欲的時候是有智慧呢？抑或在曠野經過四十年看自己一無所能的時候是智慧呢？前時在上帝面前是愚拙的，經過四十年對付以後，在上帝面前他是智慧的，因為他靠上帝不靠自己。凡靠自己自認為了不起的人，結果都會失敗。

四、主耶穌用比喻在路 12：16-20 講有一個財主田產豐盛；自己心裡思想說：‘我的出產沒有地方收藏，怎麼辦呢？又說：我要這麼辦，要把我的倉房拆了，另蓋更大的，在那裡好收藏我一切的糧食和財物，然後要對我的靈魂說：靈魂哪，你有許多財物積存，可作多年的費用，只管安安逸逸地吃喝快樂吧！神卻對他說：無知的人哪，今夜必要你的靈魂，你所預備的要歸誰呢？自己的計劃，自以為滿足，卻是無知的人最笨的人。

五、亞當夏娃犯了罪，神告訴他神的兒子要到世上來為罪人流血，要打破蛇的頭，蛇要傷他的腳跟，並殺羊用其皮給他們作衣服，即告訴他們救恩在乎上帝，救恩在乎流血，羊的流血是預表耶穌基督的救恩。他們的兒子亞伯因信就用自己羊群中的羊獻祭，而他們的長子該隱卻信救恩是靠自己的行為，將自己辛苦的成果，用地裡的出產獻給上帝，但不為上帝喜悅，上帝喜悅亞伯所獻的羔羊，所以上帝叫那些智慧人成為愚拙，保羅說智慧人在那裏？世界上的智慧在那裏？

法國的哲學家又是科學家巴斯卡 Pascal 說死後有靈魂存在，就做個賭徒下賭注，若死後有靈魂，因信耶穌可以得救的話，我就信了，要是死後沒有靈魂，反正我死了對我也沒有什麼損失。倘若真有靈魂，而你卻不信有這事，一到死後怎麼辦？豈不自走滅亡之路嗎？那相信死後而信其有的豈不得福嗎？他還不是個最聰明的人，最聰明的人就相信有，相信十字架是救恩的道路，因信可以得救，相信十字架的人，才是聰明的人，現在我要大聲問，世界上的智慧人在那裏？你可以做個智慧人，放下一切投靠在主耶穌的十字架下吧!

Grace and Spiritual Gifts
恩典與恩賜
Circa 1982

我最近特別感覺到這個題目「恩典與恩賜」的要緊，在聖經裏面兩樣在同一個地方的是羅馬書 5:15「只是過犯不如恩賜，若因一人的過犯，眾人都死了，何況神的恩典與那因耶穌基督一人恩典中的賞賜，豈不更加倍的臨到眾人麼」。賞賜即恩賜，這裡強調一點是恩典中的恩賜，恩賜是屬於恩典，神在恩典當中把恩賜賜給我們。這一兩天我查了字典，把恩典與恩賜的定義清清楚楚的查出來給大家。

第一恩典與恩賜在聖經中很多地方是可以互用的，但是在聖經的習慣或是解經的習慣性上，把恩典與恩賜分得很清楚，「恩典 」一詞希臘文是「CHARIS 」，「上帝與祂的仁慈，在人心中運行，祂神聖的影響力，叫人悔改歸於基督，並保守這個人，加給他能力，叫他在基督徒的信心知識感情上有長進，挑旺他在基督徒的德行道德的性格，有所振作」。

「恩賜」一詞希臘文是「CHARISMA 」，「一種不平常的能力叫某些人高過了別人和別人不同，叫他們能夠事奉基督的教會，這些人領受這樣異常的能力，是聖靈以及神聖恩典的力量在他們心中運行的結果」。若是把這兩個定義看清楚了，恩典是神那邊做的工作，叫我們在德行知識行為信心，生命上有所表現，是屬於生命和生活上的。

恩賜也是聖靈的工作，當聖靈運行在人心中時叫人得著一種特別的能力，這能力能使人在教會裏事奉。簡單說起來，恩典是神白白的賜予，叫我們在生命生活上能夠有長進有力量，能夠表現耶穌基督。恩賜是神給我們一種能力，叫我們表現出來能夠在教會面裏有所事奉，可以工作。換句話說，恩典是為著我們靈性生活，恩賜是為我們教會的事奉。

引用幾節聖經來証明剛才所說的，以弗所書 2:8「你們得救是本平恩也因著信，這並不是出於自己，乃是神所賜賜的 」。我們用信心接受神白白給我們的恩典，不用費力，不用做事，不僅僅是過去的罪惡得著赦免，現在罪惡的勢力得以解脫，將來也可以得著一個沒有罪的復活的身體，整個屬救恩的與靈性有關係的，都是靠著神所賜的，都是神的恩典。

還有羅馬書 6:14「罪必不能作你們的主，因你們不在律法之下，乃在恩典之下」，這裡的要點是我們的就重生之後要過基督徒的生活，不再守律法用自己的力量去掙扎，乃是因著主耶穌的愛從心底感謝神，願意受聖靈的引導，在恩典中去生活，自動願意的跟從愛的去趨勢去過生活。哥林多後書 12:9 保羅說他身上有一根刺，他禱告許多次求主將刺拿去，刺仍然沒去掉，但神對他說，我的恩典夠你用的，當我們受苦時神可以給我們更多的恩典能勝過並能從受苦中得益處，我們在基督裡講願神的恩典與你同在，因為我們得救，過得勝的生活都是靠神的恩典給我們生命勝過苦難。

恩賜方面在羅馬書 12:4-16 告訴我們，每一個個人合起來成為一個身體，教會是個有機體，在這個有機體之中，我們彼此聯絡作為肢體，肢體中各有各的功用，合起來成為一個身體，說預言的也好，做執事，做教導的，施捨的，勸化的，治理的，憐憫人的，每一個人或做一件或做一件以上，彼此合起來在教會裏事奉，恩賜特別是為著教會的事奉而講的。

恩典是 What you Are 恩賜是 What you do。

關於恩賜更詳細的是在哥林多前書 12:4-11「恩賜原有分別，聖靈卻是一位，職事也有分別，神卻是一位，功用也有分別，神卻是一位在眾人裏面運行，一切的事……這一切都是這位聖靈所運行，隨己意分給各人的 」。每個肢體都有其特別的功用，是神隨己意賜給我們的，每個人都是重要的。

所以我們求恩賜時是要求聖靈告訴我們神給我們的是什麼。我們該清楚和注意的是恩典是為著生活，恩賜是為著工作，恩典是叫我們有成聖得勝的力量，恩賜是叫我們有能力來做事情有表現。一個是在裏面，一個是在外面，一個人應該追求恩典也應該追求恩賜，不應該有輕重的分別，也不能憑自己的力量去追求恩賜或有任何好的表現。一個基督徒要靠神的恩典和聖靈的作工，若是不懂羅馬書 5-8 章，也不讀的話一定會靠著自己的力量在生活。其實我們整個生活是神的恩典替我們生活，不是靠自己。

真正的生活是從心裏聖靈作工感動我們從裏面遵照神的旨意靠神的能力來尋求和睦對付罪，所以我們不能遮掩罪，要認罪。不追求恩典的人只能過表面膚淺的生活，不追求發現自己恩賜的人，就無法事奉，只能做個閒懶不結果子的人，只求恩賜不求恩典的人如哥林多教會是屬肉體的基督徒，容易發生嫉妒分爭分門別類。

因此聖經上教我們在恩典和恩賜上都要追求，恩典上的追求在彼得後書 3:18，「你們卻要在我們主救主耶穌基督的恩典和知識上有長進」。每一個人在基督的生命上日漸增長，像基督一樣，不斷活出主耶穌來，是從裡面活出來的，有生命還要有的更豐盛。

恩賜的追求在提摩太後書 1：6「為此我提醒你，使你將神藉我按手所給你的恩賜，再如火挑旺起來 」。恩賜是要挑旺的，不是生長的，我們想到這是被聖靈充滿，聖靈在心中作工，叫我們裏面有力量，我們的恩賜就有用處了，同樣是作工，有火沒火是兩種情景，火多大小也是兩種情景。

羅馬書 5:15 說明神在恩典中給我們恩賜，因此我們信徒追求的時候在沒有追求恩賜之前要先追求恩典，心中充滿了神的恩典，然後恩典才有用處。最後有一句話是我一生的座右銘，「與其有恩賜而無恩典，不如有恩典而無恩賜」。最好是兩個都有，否則有恩典比有恩賜更能蒙神悅納」。

The First Condition of Joy
喜樂的先決條件
Circa 1982

喜樂要有原因，它是從另外一個原因產生出一種情緒狀態。我們一讀到情緒，必須知道要一些先決的條件。在某種情形之下，才會有喜樂。喜樂是我們今天現代人，在此富裕社會裡生活的人所沒有的。雖然物質很富足，但心理缺乏喜樂。

聖經裡所講的喜樂，不是狂歡，忘形地歡樂，也不是嬉笑戲謔地歡樂，也不是宴飲，口腹滿足的歡樂。也不是現在美國孩童殘虐心理，眼見殺人，就感到刺激的快樂。聖經裡所講的快樂，乃是聖靈的果子，加 5：2 節 “聖靈所結的果子，就是仁愛、喜樂、和平、忍耐、恩慈、良善、信實、溫柔、節制。”喜樂是聖靈所結出的第二項果子。可知真正的喜樂，是從聖靈而來。我們把一個基督徒的喜樂的先決條件， 在腓立比書裡以喜樂為主題來研究是為何產生的？

一、我活著就是基督為人生的目的：

在第一章裡保羅在捆鎖之中，雖然受苦，仍感到快樂，腓立比書 1：18-21 節為此我就歡喜，因為我知道這事藉著你們的祈禱，和耶穌基督之靈的幫助，終必叫我得救，照著我所切慕所盼望的，沒有一事叫我羞愧，只要凡事放膽，無論是生是死，總叫基督在我身上照常顯大，因我活著就是基督，我死了就有益處。

這是保羅的基本人生觀，他活在世上完完全全為主而活，有此堅強的人生目的，所以遇到患難愁煩，人的攻擊，環境的打擊，他怎麼會憂愁呢？故有憂悶的人，我們要找出他的人生觀是什麼，他的基本的人生觀，是為什麼活在世上？為主耶穌而活的，一切外來打擊，毀譽，算得了什麼？如因一些得失而難受，那只是為了他自己而活。所以一個以自我為中心的人，不會有喜樂的。

二、我思想以耶穌基督的思想為思想：

在腓立比書第二章裡保羅舉出三個榜樣來，腓 2：5 節“你們當以基督耶穌的心為心”此心是指思想，而非情感的心。換句話說，你要以耶穌的思想為思想。一個人整天所想的是什麼，就能產生什麼樣的情緒。現在美國的人每天所想的是金錢，金錢如何能滿足？他心裡為何能喜樂呢？如果整天想到耶穌，祂本有神的形像，不以自己與神同等為強奪的，反倒虛己，取了奴僕的形像，成了人的樣式。既有人的樣子，就自己卑微，存心順服，以致於死，且死在十字架上。腓 2：6-8 節 如每天只想到基督，他所產生的情緒，何致憂傷呢？腓 4：8-9 節 “弟兄們，我還有未盡的話，凡是真實的、可敬的、公義的、清潔的、可愛的、有美名的、若有什麼德行，若有什麼稱讚，這些事你們都要思念。你們在我身上所學習的，所領受的，所聽見的，所看見的，這些事你們都要去行，賜平安的神，就必與你們同在。”想到這些，就會快樂。

三、我重估人生的價值：

腓立比書第三章 7-8 節“只是我先前以為與我有益的，我現在因基督都當作有損的，不但為此，我也將萬事當作有損的。因我以認識我主基督耶穌為至寶。我為祂已經丟棄萬事，看作糞土，為要得著基督。”消極的一天比一天看萬事為糞土，積極的一天比一天以得著耶穌為至寶。在靈性長進中，當然不能完全達到目的，丟棄萬事不能完全；得著基督也不能完全。但一生一世都過著追求的生活，漸漸地丟棄萬事，漸漸地能得著基督，不斷地追求，不斷地長進。

一旦遇到情感的挫折，你究竟將丟棄耶穌而去得著糞土呢？還是棄掉糞土而得著耶穌呢？如果平時在靈性上不追求耶穌，只追求世界，一旦愁苦來到，如何能一呼求耶穌，立刻解決你的問題呢？你即可得著喜樂呢？平時靈性上有長進，遇到患難，我們仍可以喜樂，而非臨時有什麼秘訣。喜樂不是一種臨時的屬靈藥丸，吃下去立刻見效，而是聖靈的不斷作工。如果平時有追求，有屬靈的根基，有豐盛的生命，得著聖靈的保守，如此不會不喜樂的。

四、 我要靠著神的能力：

腓立比書第四章 10-11 節“我靠主大大的喜樂，因為你們思念我的心，如今又發生，你們向來就思念我，只是沒得機會。我並不是因缺乏說這話，我無論在什麼景況，都可以知足，這是我已經學會了。”學會了在前，先把靈性的秘訣學會了，然後 4：12 節“我知道怎樣處卑賤，也知道怎麼處豐富，或飽足或飢餓，或有餘或缺乏，隨事隨在，我都得了秘訣”。

保羅在平常已經學會了這個秘訣，不是遇到憂患時才臨時去學習，而是心有成竹，應付自如。無論環境如何，他總有喜樂。最重要的是“我靠著那加給我力量的，凡事都能作。”喜樂的來源是靠著那加給我力量的主。凡事靠著禱告，祈求和感謝讚美，交託給神。

我們如何在靈性上把我們與神相通，讓聖靈在我們裡面，聖靈充滿我們裡面，即喜樂是從聖靈而來。必須聖靈在我們裡面不斷地作工，我們同聖靈有密切的來往，去遵守那些先決的條件。

我們人生的目的，人生所思的，所追求的，我們的力量都是從神而來的。所以保羅說腓 4：4 節“你們要靠主喜樂，我再說你們要喜樂”喜樂不是憑一句話的安慰，一句話醒覺。基督徒的喜樂乃是要靠主，是從神而來，從聖靈產生。那麼你在這方面應作何事呢？必須注意上面的先決條件。

All Scripture is Given by the Inspiration of God
聖經是神所默示的

Circa 1982

提摩太後書 3:16 節

聖經都是神所默示的，於教訓、督責、使人歸正、教導人學義、都是有益的、叫屬神的人得以完全，預備行各樣的善事。

基督教所有的信仰都是根據聖經，一致承認是對的，並無問題，若有人說聖經完全是假的，或是錯的，根本不必去考慮，若有人說其中有對有錯，換句話說，聖經裡包含了上帝的話，而不完全是上帝的話，此時，基督徒能不過問嗎？我初入大學，正式自由主義時期，說聖經不過是人的宗教經驗而已，當時有個錯誤思想，總認為聖經當時他們的科學不夠，哲學不夠，當我病時需要耶穌，心裡雖要信，腦子裡總信不下去。就是聖經上許多道理我信不下去，尤其信耶穌是神的兒子，是童貞女馬利亞所生，道成肉身，死在十字架上，三天復活，然後升天，將來還要再來，必須信此才能得救，這道理我信不下去。因為我對聖經不相信，如此經過三年功夫，第一步先信聖經是上帝所啟示的，神所說的話，然後才信耶穌是神的兒子，童貞女馬利亞所生，死在十字架上，三天復活，升天，還要再來，確信聖經是神的話以後，這道我相信了，作了基督徒。

一個神學家對學生講聖經無誤，有一個學生寫信給他說，雖然我不信你所相信的，但我覺得你是有理的。現在的傳道，只說救恩是好的，你吃下去就知道了，沒有將救恩的根據，講法在理智上打一個根基，有如糖果推銷員說嚐一嚐就知好吃，這是經驗主義，不用理智思想的。

若有人說我不相信聖經但信耶穌，現在講道的都如此不講聖經多講經驗，保羅卻不如此，從四福音，使徒行傳到書信，即知基督教的信仰是根據在聖經，故保羅說，聖經都是神所默示的，默示在英文譯為神藉著靈感給我們的，默示譯作靈感，靈感就是神要這人替祂講話，聖靈就在這個人心中作工，讓此人所講的，就是上帝要他講的，這就是默示，就是靈感。在希臘文字默示講作呼吸，上帝靈感不是像對亞當一樣吹口氣給他，而是上帝住在這個心裡，他把上帝的氣呼出來，就是聖靈運行在他心裡，叫他把上帝要他講的話，呼出來，就是講出來，因此一些反對的人又說這等於口授筆錄，實際上不是這意思，哥林多前書二章講，我們講道不是用我們智慧所指示的言語，乃是用聖靈，屬靈的言語，把它講出來，不但意思是出於上帝，連字都是出於上帝，另有人所反對的理由是，既然如此，應該每個所講出來的都是上帝一樣一樣的話，不該有不同的口氣。

靈感的意思是上帝把祂的意思給你，運行在你心裡，指示你，從你的字裡面，把上帝要你用什麼字，將祂的意思講出來，這是上帝在人心裡所作的工作，所以相信聖經啟示的人，稱他們是字句的啟示，保羅說：聖經都是上帝所默示的，但另有一批反對的人卻說，凡上帝所啟示的聖經都是於人有益處的，他不是說聖經都是上帝默示的，換句話說，也有聖經不是上帝所啟示的，而聖經上所告訴我們的意思是說，全部聖經都是上帝所啟示，既然全部聖經都是上帝所啟示，故啟示用的字句都是上帝感動那人，用那寫的字句把他寫出來的。所以結論是聖經都是神所啟示的，神所啟示的就不會有錯誤。

保羅說聖經都是上帝所默示的，於教訓、督責、使人歸正教、導人學義、都是有益的，好像四個動詞在此，原文不是動詞，教訓應該譯作教義，在一般中國教會都以教義為不屬靈，所以不管教義，聖經裡這個字一共用了二十一次，有十九次是保羅所用，尤其在教牧書信裡，在神學上講，一種信仰，一種哲學，一種學說，一種有系統的信仰，它裡面全部的思想原則，謂之教義。我們基督教的信仰，主要部份，系統化起來就是教義。

如只講重生、得救、而得救又是因於信、因信稱義、又本於神，在聖經裡所說的話，要是聖經有錯，則基督徒的信仰皆屬徒然，或有人以為不信聖經只信耶穌就是了，殊不知所信的基督亦出之聖經，如不信聖經，則他們所信的是想像中的耶穌，把耶穌人格化，高尚化，絕對化起來，說是他們自己的耶穌，不是神所賜的耶穌，「督責」是監督一個人，責備一個人，實在是改正錯誤的意思，或教人知罪，改正真理上的錯誤。

如見一個人信道錯誤，我們必得用聖經上的教訓來改正他。現在教會裡可能受存在主義的影響，好像把自己的經驗當作最高的，殊不知一切應該用聖經來作標準，如聖經有錯，則標準當然無存。我最近研究洛克的哲學，洛克說，現在的道德標準不是說那個對，乃是說誰的武力強，有武力作後盾，但此人下台，另一人掌權，就以他為對，前此為非，因為武力就是標準，只有持聖經的人，是以神的旨意來繩量標準，如聖經有錯，標準可言？

保羅說：「使人歸正」是他的行為錯誤，要他改正過來，這是神的旨意，聖經的教訓是出於上帝，聖經的教訓是從聖經裡告訴我們，我們要指導一個人的行為，從迷途上悔悟過來，要根據神的話，如父母教導孩子，正面的引導他，教育他是引聖經的話，如聖經有錯、何以教育？基督徒在社會上，個人道德。家庭一切行事為人都有一個標準，就是神的標準，又出於聖經，如聖經有錯，就沒有標準了。如相信聖經都是對的，都是神所啟示的，我們教訓都是使人歸正，教導人有愛這樣我們才能說屬上帝的人得以完全，作一個完全的基督徒，好預備行各樣的善事，凡是神的旨意要我們去作，都是善事，我們都要去作，教訓也好，督責也好，使人歸正也好，教導人學義也好，我們都受了教，在聖經操練好了，預備我們可以行各樣的善事，一定是根據一個沒有錯誤的聖經所感動的，聖經都是上帝所麼默示的，是無錯誤的，是字句的感動，是全部的靈感，這是基督徒的信仰生活的根基。

Hope of the Glory of God
榮耀的盼望
Circa 1983

歌羅西書 1 章 27 節

神願意叫他們知道，這與祂在外邦人中有何等豐富的榮耀，就是基督在你們心裡成了有榮耀的盼望。

今天是復活節，我們當記念主的復活，每年的今天，我們都要講到基督耶穌的復活，這是因為基督耶穌的復活，與我們的靈性、信仰、有很大的關係。我們在過去講論到基督耶穌復活時，大都是講到基督耶穌由死而復活，使我們得以稱義，有份於上帝的性情，且有新生命在我們心中。我們也講過基督耶穌的復活，使我們勝過黑暗的權勢，過得勝的生活，但今天我們要講的，基督耶穌的復活與我們的「榮耀的盼望」，有何關係？

保羅說：「如今常存的有信、有望、有愛、其中最大的是「愛」。「愛」雖是最大的，「望」也是當中的三大之一。我們要問基督裡的「盼望」根基建立在那裡？當然是建立在基督耶穌的身上。我們的「信」是以基督耶穌為對象，我們「愛」是根源於基督耶穌，我們的「望」亦是寄託於基督耶穌身上，而且這「望」不但是根據在天上的基督耶穌，也是根據住在我們心裡的基督耶穌，所以說：「基督住在你們心裡，成了「榮耀的盼望」英文（CHRIST IN YOU, THE HOPE OF GLORY) 復活的基督住在我們心裡，使我們對將來不但有「很大的盼望」且有榮耀的盼望。

歌羅西書一章二十節「既然藉着祂在十字架上所流的血成就了和平，使藉着祂叫萬有，無論是地上的，天上的，都與自己和好了，你們從前與神隔絕是因罪行，心裡與祂為敵，但如今祂藉著基督的肉身受死，叫你們與自己和好，都成了聖潔，沒有瑕疵，無可責備………」。此處提到基督的死與流血，把我們與上帝之間的間隔和敵意拿去，叫我們同上帝和好，這是一件很要緊的事。

主耶穌將我們與上帝合一的障礙拿去後，我們就可以與上帝合而為一了，這就是「天人合一」的道理。但這僅是由基督耶穌「受死」那一方面所說的，我們講救恩傳福音之時，往往將注意點放在此處，只想到基督耶穌的這一面，沒有想到基督的其他方面。基督耶穌釘十字架是僅僅救了你我嗎？

在受難節這一天，叫我們感動的當然是基督耶穌救了一切信祂的人。不僅如此，聖經上說：「藉著祂的血成就了和平，使藉著祂叫萬有的、地上的、天上的都與祂自己和好了」，這裡又看出與上帝之間有間隔的不是我一個人，乃是整個的宇宙，這是因為萬有因著始祖犯罪，都與上帝隔絕，現在從基督的死，整個世界，天上的，地上的並已包括一切信祂的人，都可以與上帝和好了。

基督不但為贖我們的罪而死，且為我們復活了，歌羅西書中說到，「祂是首先復活的，是初熟的果子」。使我們可與祂一同復活而稱義得生命，但更重要的是，因祂復活，祂可為教會之首，祂是頭，信祂的人成為祂的身體，基督就是這身體的頭，這是由整個教會這方面而言的。

既然，基督在凡事上居首位」，我們就應該將主耶穌的地位由個人推到全萬有，從自己的得救想到基督耶穌的居首位。這樣就可以除去在我們以個人為中心的思想，因為主基督耶穌在十字架上不僅救了你，救了我，更救了全世界。救了全世後，祂就成立了教會，而為教會的主。

保羅在歌羅西書一章二十五節說：保羅作了教會的執事，要把福音傳得全備，這是說，傳福音領人歸主，只是一個開端而已。教會固是應當傳福音的，但不該停滯在只傳福音的事工上，我們該將福音傳得「全備」。不錯，基督在教會中是居首位的，但要知道，這位死而復活，叫天地萬有與神和好，作為教會之頭的基督耶穌是在那裡呢？到底是在天上，或是在你我心裡呢？基督耶穌從天降下，仍舊在天，同樣祂現在是在天上，但仍住在你心裡，這位成就和平，救贖了全世界，救贖了你我，在天上作教會之首的基督耶穌，是在天上，但也是住在一切信主之人的心裡，所以保羅說：「耶穌在你們心裡，成了榮耀的盼望」。

在此我們知道，基督耶穌不但成就了救恩，叫萬有與上帝和好，藉著復活成為教會之首，更進一步，祂要在被造的萬有中居首位，故我們不能只想到基督耶穌是與我個人發生關係的，祂是與全世界，全宇宙發生關係的，我們不要把基督耶穌看得太小了。

歌羅西書中的「萬有」（All Things）就是全世界的一切的

一切，「萬有都靠祂造的，無論是天上的地上的，能看見的不能看見的，或是有位的主治的，執政的掌權的，一概都是藉着祂造的，又是為祂造的」。基督耶穌除了作教會之首外，在萬有中亦是有祂最高的地位的，什麼地位？「太初有道，道與神同在，道就是神，這道太初與神同在，萬物是藉着祂造的，凡被造的，沒有一樣不是藉著祂造的」，這樣的基督耶穌，不但在救恩中，祂是救主，祂還造了整個的萬有，並且萬有也是為祂而造的。（歌羅西 1 章 16 節）

哲學家萊布尼茲討論上帝的時候，使用「充足理由原理」為出發點，那就是說，什麼事情都是有其理由的，那麼，上帝造萬有的理由是什麼呢？是為了祂的兒子。人類會說：人為萬物之靈，是進化的高峯，世界是為了人類而造的，包括魚、肉、酒、汽車、房子、都是為人類而有。他們說：「上帝真好，為人類造了這麼許多的東西給我享受」不錯，這些東西是給我們享受的，但這一切的最終目的，不是為人類，更不是為你一人，而是為了神的兒子。祂是宇宙萬有的目的，聖經從來沒有以人類為上帝最後之目的，這是人文主義的看法。

聖經說：宇宙是為神的兒子造的，祂在萬有之先，萬有也靠祂而立。以弗所書說道：時候將到，全世界一切的一切，都要在基督耶穌裡同歸於一，都要歸於祂。（以弗所書一章十節）因此主基督是要在全人類，全教會及全世界被造之物中居首位的。

保羅為什麼歌羅西書中說這話呢？這是因為歌羅西教會中有個異端，認為造天地的耶和華是個「愛安」(Aeon)基督不過是個「愛安」所投生，保羅因此提出了基督耶穌的高超性，指出我們所信的基督耶穌，是怎樣的耶穌，祂不但在天上，亦在你我心裡，我們常常為了對基督耶穌發生個人感情，而聯想到基督耶穌愛我們，為我們釘十子架，很少想到祂是創造天地的主，天地為祂而造的，這樣一位神的子，是在天上，今天亦在我們每個人的心中，你看保羅所傳的福音是何等的「全備」。我們不是應該對基督耶穌有更大的認識嗎？

基督是神的兒子，是那看不見上帝的「像」，這個像字並非偶像之像，乃是「表象」之意，英文叫做 IMAGE。基督表現了上帝，故為上帝的「表象」，祂使我們知道上帝是什麼樣的上帝，耶穌也曾說：「看見我就是看見父」聖經所說的「父子」是指共有一個生命而言，所謂「首生的」不是說先有父而後生子，那就是父在子前了。若是這樣，父子就不是原為一，不是同為無始無終的了，「首生」這個名詞應以「獨生子」來解釋，獨生子不僅是指數量的一，而是指質量的一。「父如太陽，發出的「光」就是子，日頭永遠在放射光出來，同樣父也是永遠在「生出子來」，這種「生是本體生出本體來，而不是像人類的父親生了兒子，就成了不同單位了。所以子與父在永世裡就是同為一體的，這種「生」「首生」只有子才是如此「生」的。所以祂是獨生子。

歌羅西書一章十九節所說的「像」與希伯來書一章所說，祂是上帝，本體的「真像」的「像」相通，更重要的是下面的經文歌羅西一章十九節「因為父歡喜叫一切的豐盛在他裡面居住」不錯，子是父的像，但父所有的豐富都是在子裡面居住，

第二章說，上帝的本性一切的豐盛都有形有體有地位在兒子裡面。這包括上帝的恩典，慈愛，權能，祂的一切的一切，都有形有體的住在基督耶穌裡。父與子原為一，上帝所有的，子也有，父子是不可分的。不但如此，我們還要注意到上帝豐富所居住的那一位兒子基督，是住在天上，同時也住在你我的心裡，我們能否把握這個意義呢？

保羅在歌羅西書中，為了要辯護基督在指出異端的錯誤時，他把基督耶穌提高到至上無比，英文叫做(SUPREMACY OF CHRIST)這位最高的基督耶穌，是住在你我的心裡的。

最後一點，我要提到的是，我們想到基督耶穌創造了天地，救了人類，如今在天上為我們禱告，僅是如此嗎？不是，上帝所賜給祂兒子的榮耀，王位，權柄，基督耶穌還沒有完全拿到哩！我個人一生是個傳福音的，講的是個人得救的福音，但我發現只傳福音，不是終點，難道結論即是死後上天堂永遠快樂而已嗎？難道對世界，魔鬼，耶穌的再來，皆不去管了嗎？我們抱有這種思想，是因為我們只想到自己，沒有想到上帝。

上帝整個計劃中要祂的兒子得到權柄榮耀，世界都要歸於祂，並且都要在基督裡同歸於一，祂也在凡事上居首位，祂要得榮耀、得國度、這是人類歷史的歸宿，也是上帝永恆計劃的最高峯，這是新約舊約所標明的真理。故此耶穌再來，是我們基督徒所必須信必傳的真理。但這位將要來得榮耀、作王、要在世界上建立天國，統一全世界，全宇宙、天上地上都歸於祂的基督，現在是在天上，坐在上帝的右邊，等候上帝將仇敵做祂的腳凳，這位等候再來的基督耶穌，今天亦在你我心裡。

保羅在歌羅西書第三章講到基督是我們的生命，這位作我們生命的基督，既在等候全世界做祂的腳凳，要得榮耀，祂在等候全世界要在祂裡面得統一，祂是住在我裡面的，祂將來得榮耀即是我將來要得榮耀，祂要作王即是我也要作王，世界要在祂裡面同歸於一，到那時我也有份。

現在我們了解「基督耶穌在你們裡面成了有榮耀的盼望」的意思。我們得到榮耀的盼望，居首位的盼望，我們是上帝所召來的，自然可以與耶穌一同得榮耀，這是我們最高的一步。（羅馬書 8 章 19-30 節）

總括來說：神的兒子道成肉身，釘十字架，升天替我們代禱，將來要得榮耀，祂住在我們裡面，我們就與祂同死、同活、祂變成了我們的生命。這生命即為歌羅西書中所講的基督。換言之，這位基督住在我們裡面，成為我們的生命，這個基督是要得榮耀的，所以我們是有得榮耀的盼望的，這位基督要掌權的，我們是要有份的，這樣我們不是有榮耀的盼望了嗎？所以保羅說：「基督在你們心裡成了有榮耀盼望。你看：神所給我們是何等的豐富，我們有基督耶穌成為我們的生命，我們就有保證，一定要得榮耀，這是何等的盼望。

在復活節的今天，但願我們對於人生、社會、歷史及一切的一切，都因基督住在心中看得到更清楚的遠景。

Where is the King?
王在那裏
Circa 1983

新約裡有四本福音書，大家都知道每一本福音書，只講耶穌的一方面，馬太福音講到耶穌是王，馬可福音講到耶穌是僕人，路加福音講到耶穌的人性，約翰福音講到耶穌的神性，我們必須把這四福音都認識完了，我們才能認識，耶穌到底是什麼樣的一位救主，所以今天先講耶穌是王的這方面。

在我們一般的教會裡面，大都是講耶穌是救主，你們可以看見許多美國人的教會，在外面掛了一個霓虹燈說「Jesus Save」，有一個中國教會把它翻譯成為"耶穌救"，這個在中文裡是不通的。英文可以這麼講，中文不可以這樣講的。所以有人翻譯成「耶穌是救主」，這是約翰福音 3：16 節講的，"神愛世人，甚至將祂的獨生子賜給他們，叫一切信祂的，不致滅亡，反得永生。"這是要緊的一件事，耶穌來世上是救罪人的。

在馬太福音第一章，天使向約瑟顯現的時候，馬利亞要生一個兒子，你給他起名叫耶穌，意思就是說，祂要把祂的百姓從罪惡裡救出來。這是耶穌兩個字的意思，這也是一個要緊的福音，耶穌的福音不僅僅講到祂要救世人，也講到祂是王。祂要管理我們眾人，所以我們常常講耶穌基督，或者基督耶穌，耶穌祂是救主的意思。

在猶太國，一個人做了王，就把油膏抹在他頭上，等於現在英國一個人要做女王的時候，把冠冕放在她的頭上。所以我們講耶穌是講到祂是救主，我們講基督是講到祂是王。我們所信的是基督教，為什麼我們不說耶穌教呢？我們平常都說這是基督教。這就是注重到耶穌是王的這一面，不僅僅注意到祂為我們死的那一面。

所以我們基督徒，應該信這一位是救主，也是君王。我不但要相信祂，把我們的罪惡除去，叫我得救重生，我也要尊祂為主，為君王，叫祂管理我，我就順服祂，所以基督教有兩方面的道理，一方面是耶穌把我們從罪惡裡救出來；一方面是被救出來的那些人，耶穌要作他們的君王，他們要作耶穌的子民，這是一個很要緊的道理。

耶穌怎麼會是君王呢？歌羅西書上告訴我們，萬有都是藉著神的兒子造的，也都是為祂而造的，叫祂在萬有之上居首位，天上的、地下的，一切所有的都要在祂裡面同歸於一，就是叫祂作君王的意思。神的兒子就是這世界的君王，世界是為祂造的。希伯來書第一章講到，耶穌是承受萬有的，神造這個萬有是把萬有要給祂的兒子。

那麼我們現在問：“這個世界既是耶穌的，祂是君王，為什麼耶穌還來死在十字架上呢？這是在我們始祖亞當時候發生的，我們始祖亞當，夏娃犯了罪，他們犯罪以後，我們人類都犯罪了。整個世界和人類都是屬於魔鬼的，所以耶穌在受試探的時候，撒旦對祂說，你若是拜我，我把全世界的榮華富貴都賜給祢。

耶穌沒有說，這個世界不是撒旦的，但是耶穌說不要拜牠，耶穌不是要用這個方法把世界從撒旦手裡拿過來，耶穌必須死在十字架上，替我們人類贖罪，祂寶血的重價，把人類救出來，要把全世界都救出來，所以祂是神的羔羊，要除去世人罪惡的。祂要用祂的寶血把這個世界救贖出來，然後在祂救贖的世界裡作王。

所以我們有一個很好的盼望，耶穌有一天會再來的，祂要在這個世界上作王，世界都是屬於祂的。祂要坐在寶座上，祂用祂的鐵杖，把全世界的萬國，都是屬於魔鬼的政權一起打碎了，然後祂坐在寶座上面，聖經上稱說這是千禧年，但是在千禧年沒來之前，耶穌的國度不是屬於這個世界的，在這個時候祂是一個屬靈的世界，這一個國度是在人的心裡面。所以耶穌要在你心裡面作主，耶穌把你拯救出來以後，你得救重生了，可是不夠，耶穌要住在你心裡面，把祂的政權，王權再你心裡實現出來。

因此我們基督徒，若是只講到自己得救重生，這個是沒錯，但是不夠的，耶穌不但要救你出罪惡，還要在你心裡面掌權，現在我要問大家："現在在你心裡作主的是耶穌還是你自己？”我們很簡單地隨口答出：“是耶穌作主”真的是耶穌作主嗎？

在我剛信主的時候，有一次在一個地方聽道，我坐在最前面，有一個傳道人講“在每一個人心裡面，有兩個東西，一個是一個寶座，一個是一個十字架”祂問“誰坐在你的寶座上？誰釘在十字架上？”沒有人回答。我今天問你們，你們怎麼回答？那個傳道人指著我說“趙某人，誰坐在你的寶座上？誰釘在你的十字架上？”我隨口就講了“耶穌釘在十字架上。”對不對呢？他馬上又問：“耶穌在十字架上的時候，誰在你的寶座上?” 我想起來了，耶穌在我心裡釘在十字架上，誰坐在寶座上呢？是我，我趙君影坐在寶座上，我們謝謝耶穌為我們死，贖我們的罪，精神得平安，死後上天堂，有病禱告就好了，用不著看醫生，找不到事，一禱告神就給我一個工作，沒有錢也要成為有錢的，讓我們得到個好丈夫，好妻子，我們得到兒女了，神給我們的恩典這麼多，耶穌真好，我們愛耶穌。

但是你們愛耶穌，你們讓誰坐在你們的寶座上呢？是你們當家，還是耶穌在你們心裡當家？你們憑良心說，你們實實在在是信耶穌的，現在在你們心裡當家作主的到底是你們自己，還是耶穌？若是我們要在神面前誠實，我們不能不講耶穌為我死，耶穌的恩典真大，但是我們對我們的人生，我們的金錢我們的事業，是我們自己作主。

從前，我的大兒子才一歲多時，我問他一些話很有趣味的“眼睛有什麼用？”“看的”“兒子有什麼用？”“聽話的”我說“嘴有什麼用？”“吃東西的”“你的鼻子有什麼用？”“鼻子是擤鼻涕的”我說“媽媽有什麼用？”“做飯給我吃的”“爸爸有什麼用呢”“賺錢給我用的”“耶穌有什麼用？”“耶穌替我死的” 這一個小孩才一歲多一點，他就是以自我為中心，耶穌是好，爸爸媽媽都好，但是都是為著他。

今天我們作基督徒的，不是耶穌來作我們的主，是我們自己作主，所以耶穌救了你以後，到底誰作主呢？是耶穌做王還是你做王呢？現在拿我們的家庭講，有很多人講妻子應當順服丈夫的話，從前也許多一點，現在有幾個太太聽丈夫話的？有個美國人說，丈夫是個頭，我是扭這個頭左右轉的頸子，我叫他左就左，我叫他右就右，不錯，他是頭，我是那個扭頭的人。

所以，今天在家庭裡面，誰作主? 先生以為是先生作主，其實是太太作主，那個太太表示她不作主，其實她自己是在作主，所以今天是太太作主呢？是先生作主呢？也許是那個小寶貝在作主。本來結婚以後大家很愛主都做禮拜，一下子不來了，為了什麼緣故？原來小孩子病了，稍微有點病就不做禮拜了。父母愛小孩這是應該的，可是把小孩子當作上帝了，為了小孩子而犧牲了上帝。

到底我們今天家庭裡面誰在作主？丈夫呢？妻子呢？小孩子呢？現在很多的家庭非常不快樂，尤其是現代的家庭，是現代的中國人在美國所生的家庭，我們中不中，西不西，我們很難知道在家庭裡頭，丈夫和妻子怎樣才能調和起來？他們常常吵架，常常不同心，常常有問題，最大的一件事，就是在我們的家庭裡面，沒有讓耶穌作主。

我有一個美國朋友，我剛剛結婚的時候，住在他家，他告訴我們“他們結婚 25 年沒有吵過架” 我說全世界我所到過的地方，認識的人，沒有一個 25 年做夫妻不吵架的。在你們當中有沒有？有的在結婚當晚就吵架的，家庭的不快樂是因為誰都想要作主，這對夫妻說他們 25 年沒吵過架，我們他們是什麼緣故，他帶我去看一個耶穌的像，他太太說“在我的家裡，我的先生是一個鐵頭，我自己是個鋼頭。鐵頭和鋼頭誰比較厲害呢？當然是鋼頭比較厲害一點，這個鐵頭和鋼頭碰在一起，不是要碰出火花嗎？” 他說，但是我們現在，25 年之內，把耶穌當作我們的頭，他的鐵頭不算數，我的鋼頭也不算數，所以耶穌作我們的頭，耶穌來到你的家庭裡面，你的家庭就能夠得到和睦了，所以在這個家庭裡面，我們可以看到主耶穌可以表現出來。

在我們的社會關係裡面，我們做生意的人，有多少是你自己作主？多少是上帝作主？在美國有一個俗話“business is business” 做生意就是做生意，在家裡面要誠實，丈夫對太太要誠實，朋友之間要誠實，可是做生意不可以誠實的，一誠實就不能賺錢了，所以做生意一定要說謊才能做生意。

我在南洋的一個華僑教會裡，有人請我講道，我說“基督徒不可以有兩個賬簿。對政府一個賬簿，對自己一個賬簿，可以逃稅，這個是不合乎聖經的，是神所不喜悅的。” 當時講的時候，沒有一個人表示接受的意思，好像有抵抗的意思，後來他們的牧師對我講，趙牧師，你下次不能講這個道了。你若是講不可以做兩個賬簿的話呢，下個禮拜，禮拜堂裡就沒有人來做禮拜了。因為我們這裡做生意的人，個個都是兩本賬簿，他們之所以賺到錢，因為他們有兩本賬簿，他們之所以捐錢給我們建造禮拜堂，因為他們有兩本賬簿，沒有兩本賬簿就賺不到什麼錢。我說，原來你這個這麼大又好的禮拜堂，是他們生意人有兩本賬簿賺的錢所捐出來的！從那個時候起，那個教會不再請我講道，因為在我們生意場中，在我們社會關係裡面，多少時候我們自己作主，我們不是讓主耶穌作主，所以主耶穌救了你以後，主耶穌要在你個人的心裡，在你家庭裡，在社會裡，祂要作主的。

今天我們在教會裡，誰作主？牧師作主？長老執事作主？董事作主？教友作主？教會會發生很多的問題，就是這權柄在誰的手裡面，所以教會變成一個政治權力爭鬥的地方了。這個人要權柄，那個人要權柄，因此搶權柄的時候，彼此就攻擊，分門別類，結黨紛爭，這就是因為他們沒有聽神的話，耶穌是教會的頭，大家都順服神，都把耶穌尊為教會元首，那麼教會就會同心。

耶穌從死裡復活，祂死了，祂復活了，祂升天了，祂做了教會的頭，我們教會是祂的身體，這個是身體的教會應該聽從這個頭的指揮，誰是教會的頭？應該耶穌是頭，這樣我們大家都能夠順服祂。

所以，我們看出來，耶穌不僅僅是個救主，耶穌也是個君王，世界原來是祂的，被魔鬼搶去了，耶穌來死在十字架上，將來有一天，祂再來作王，在現在這個時代，祂用祂的寶血，要洗淨我們，拯救我們，然後在我們的心裡面作主做王，今天耶穌在天上，耶穌祂作王的疆土在地上，在什麼地方呢？不是在美國，不是在香港，我們每一個信徒的心是耶穌的國土，但是很多的信徒不把他的心給耶穌作主，所以我們這些人搶了耶穌的地圖，霸佔了耶穌的地圖，耶穌只有一點點小部分在我們心裡，所有的信徒，都應該把自己的心，整個的心，一起給耶穌，這就是奉獻。耶穌呀，我把我整個的心都奉獻給祢，祢作我的主，我的王，這就是把耶穌尊主為大，在我的心裡掌王權，坐寶座。

所以我們在結束的時候這麼說“我謝謝祢，因為祢救了我，我今天得救重生，罪得赦免了，我要把我的心獻給祢，祢在我個人的心裡，在我的家庭裡，在社會裡，在教會裡，我要把祢尊為王，祢是君王，我是祢的子民，我要祢管理我。”

Calm Emotional Storms
平靜情緒的風浪
Circa 1983

馬可四章三十五至四十一節

煩悶、憂慮、低潮、悲酸、煩惱、恐懼、精神痛苦、神經衰弱等等的名詞，已經變成社會的口頭禪，也是刻畫了現代人的心理狀態，就是基督徒也是在所不免。難怪有些教會設立心理輔導部門，聘請心理學專家擔任輔導是無可厚非，沒有批評之意，但是我們要強調情緒的問題是基督徒靈性的一部分，聖經對精神的平衡是有其屬靈帶領的。

一、 情緒的風浪

馬可 4：35-41 節 "當那天晚上，耶穌對門徒說，我們渡到那邊去罷。門徒離開眾人，耶穌仍在船上，他們就把他一同帶去，也有別的船和他們同行，忽然起了風暴，波浪打入船內，甚至船要滿了水。耶穌在船尾上，枕著枕頭睡覺。門徒叫醒了祂，說 '夫子，我們喪命了，你不顧嗎？' 耶穌醒了，斥責風，向海說，住了罷，靜了罷。風就止住，大大地平靜了，耶穌對他們說，為什麼膽怯，你們還沒有信心嗎？他們就大大地懼怕，彼此說，這到底是誰，連風和海也聽從祂了。

這段主耶穌平靜風和海的史實，簡單的次序是這樣的。海是平靜的，耶穌命令渡海，耶穌在海上休息睡覺了，天起了暴風，浪打滿了小船，情勢危急，門徒以為命在旦夕，門徒向主抱怨，說祂不顧他們，耶穌斥責風浪，風就停了，浪就靜了，主責備門徒沒有信心，門徒不為沒有信心認錯，只是驚奇風和海聽從耶穌。

若是我們將平靜的海看作精神的平衡，風浪當作情緒的興風作浪，我們會體會到，只有主耶穌能平靜我們情緒的風浪。

現在請再讀詩篇 107：23-32 節“在海上坐船，在大水中經理事務的，他們看見耶和華的作為，並他在深水中的奇事，因一他吩咐，狂風就起來，海中的波浪也揚起，他們上到天空，下到海底，他們的心因患難使消化，他們搖搖晃晃，東倒西歪，好像醉酒的人，他們的智慧無法可施，於是他們在苦難中，哀求耶和華，他從他們的禍患中領他們出來，他使狂風止息，波浪就平靜，風息浪靜，他們便歡喜，他就引他們到所願去的海口，但願人因耶和華的慈愛，和他向人所行的奇事，都稱讚他，願他們在民的會中尊崇他，在長老的位上讚美他。”

這段經文對馬可 4：35-41 節 有解釋的作用。其分析如下：25 節 說風狂浪揚是神的吩咐，26 節 船中人奮力克服困難，完全失敗，27 節 船中人的窘狀，搖搖晃晃，東倒西歪，好像醉酒的人，他們的智慧，無法可施。28 節船中人轉而哀求神，29 節神使風浪止息 30 節 很順利到達目的地 31-32 節 歸榮耀給神。以上的兩段經文，用來形容基督徒，遇到情緒的波動時，如何得到平安，是非常合適的。

二、 情緒的意義

現在，我們先要了解情緒這個名詞的意義：情緒的平靜，就是精神的平衡，中庸有話“喜、怒、哀、樂、之未發，謂之中，發而皆中節，謂之和，中也者，天下之大本也，和也者，天下之達道也。致中和，天地位焉，萬物育焉。”

喜怒哀樂就是情緒，發而皆中節就是平衡，平衡的狀態就是平靜。在此中庸，將中和的地位，算為天地的大本達道。人若在情緒上中和，就是與天地同參。這是中和在玄學上的意義。這不是聖經所教導的。

聖經以賽亞書 30：15 節“你們得救在乎歸回安息，你們得力在乎平靜安穩”太 11：28 節“凡勞苦擔重擔的人，可以到我這裡來，我就使你們得安息，我心裏柔和謙卑，你們當負我的軛，學我的樣式，這樣你們必得享安息。”希伯來 4：10-11 節“因為那進入安息的人，乃是歇了自己的工，正如神歇了他的工一樣，所以我們務必竭力進入那安息，免得有人學那不信從的樣子，跌倒了。”

這三段經文是告訴我們，基督徒可以達到安息的境界，沒有煩悶不安，無需投奔，走投無路，精神崩潰的境界，這是歸回安息，平靜安穩。得安息，享安息，歇了自己的工，進入安息，這在意識中，就是情緒平靜，精神平衡。

三、心理學的定義

1. **感覺**:外界刺激轉至某器官，由神經傳至神經中樞，因而覺知有某種刺激，這就是感覺。

2 .**感情**:有機體，感受外界刺激時，不但產生感覺，在意識方面，且生快與不快之情，這是所謂的感情。以生物的行動言，接受刺激者，謂之快感；對刺激退避者，謂之不快之感。

3. **情緒**:是感情結合而成的複合品。如恐懼，憤怒，喜怒哀樂等皆是。

4. **情意綜:**人的慾望，受了壓抑，不能表現於外，這種被壓抑的慾望，繼續存在於潛意識，經過固定作用，而形成情意綜，從日常生活之意識動作，每為其左右。

5. **情操:**是許多感情以一觀念為中心而組成的系統，謂之情操，即情緒之理智化而超利害之境界。情操大約有四種：求知情操，審美情操，道德情操，宗教情操。

6.**感情的功用:**感情在不同的環境中，會採用不同的行動，太強的感情，含癱瘓行動，太低弱的感情，不產生行動，但不太強烈，不太低弱的時候，感情是發動行動的力量。

以上的六個定義是字典中可以查到的，我們從這些定義中，知道感情是情緒，情意綜，情操是人生命的一部分，是不可或缺的一部分，並且是至關緊要的一部份。基督徒一日活在世上，一日離不開感情。我們的生活是與感情分不開的。問題是，我們的生活中，感情佔有怎樣的地位？對人發生怎麼樣的關係。

四、感情的分類

我們已經講過，以人的反應來說，感情可以分為快感和不快感，我們若是假定人尋求快感，趨避不快感的，我們會走向享樂主義的哲學。 我們若是利用感情以發動行動來說，感情變成工具，利用之為動機，以達到目的，這就成為感情的價值標準。若是以感情為生活的領導，人就憑著興之所至，隨心所欲，過一個沒有目的，沒有理智的生活。以弗所書說“放縱肉體的私慾，隨著肉體和心中所喜好的去行。”這是感情的表現。

但這不是說感情全是肉體，全是私慾，我們要強調說，感情是中性的，感情也好，情緒也好，都是神造人的時候，所特別設計而賜予人類的。舉例來說，”愛”本身就是情緒，愛世界是罪惡，愛神是祂所喜悅的。恨是情緒，恨弟兄是罪惡，恨罪惡是理所當然的。快樂是情緒，罪中之樂是犯罪，主裏的喜樂，是信徒的福分。

進一步說道德的情操，宗教的情操，都是靈性生活的基礎情操，讚美神的詩歌，所引起的崇高情緒，熱切禱告時，所引起的敬虔情緒，與主同在時，所引起的神秘情緒，向主訴說愛時，所引起甜蜜情緒，認罪悔改時，所引起良心責備的情緒，為主受苦時，所引起的悲壯情緒，臨死歸天時，所引起游子歸家的情緒，這一些都是屬靈的情緒，是寶貴的經驗，是信徒應該有的。是與信徒理智生活相配合的感情生活，且是應當天天培養的感情生活，所以信徒，不但以腦來信耶穌，且以心來信耶穌，就是此意。所以信徒的情緒把握在聖靈的手中時，情緒是屬靈的，是神所喜悅的。是信徒正常生活的一面，不過當情緒把握在舊人 、私慾 、肉體 、老我，的手中時，就當完全別論了。

加拉太 5：19-21 節“情慾的事，都是顯而易見的，就如奸淫、污穢、邪蕩、拜偶像、邪術、仇恨、爭競、忌恨、惱怒、結黨、紛爭、異端、嫉妒、醉酒、荒宴等類，我從前告訴你們，行這樣事的人，必不能承受神的國。”在此舉出的 15 種情慾的事，雖然是事，每種事的背後，都有情慾所把握的感情在作祟。

加拉太 5：22-23 節“聖靈所結的果子，就是仁愛、喜樂、和平、忍耐、恩賜、良善、信實、溫柔、節制，這樣的事沒有律法禁止。聖靈所結的九種果子，雖說是果實，每種也都有聖靈所把握的感情在後面催動。這是聖靈的感動。 我們可以這麼說，聖經以情慾為攪動罪惡感情和情緒的能力，聖靈是促動屬靈情緒的能力。這兩個能力，會彼此鬥爭，因為“情慾與聖靈相爭，聖靈與情慾相爭，這兩個彼此相敵，使你們不能做所願意做的。”

加拉太 5：17 節 當這兩個能力相爭的時候，信徒心裡就存在著交戰的狀態，有矛盾的現象，易於改變主張，自我譴責，憂慮，怨天尤人，這真是在鬧情緒了，在這時候，你們當順著聖靈而行，就不放縱肉體的情慾，在此順著聖靈是說，斬釘截鐵，毅然決然地順服聖靈，也就是讓主耶穌來斥責風和海，而不是自己妄自應付的。

當聖靈與情慾相爭的時候，也就是兩種感情，情緒矛盾的時候，當事人表現的狀態是搖搖愰愰，東倒西歪，好像醉酒的人，他們的智慧無法可施，這是何等一副描摹得淋漓盡致的圖畫！在這段時期，由當事人，或是或非，或左或右，絞盡腦汁，以理由化自我的主張，尋求世俗人的輔導，要得到他們的同情，避免與屬靈人的相遇，怕他們的話刺耳，情勢會惡劣到一個地步，當事人會認為是天地末日到了，天塌下來了，這時若沒有聖靈在爭鬥，當事人就可以完全投降情慾的感情。若沒有情慾在爭戰，他可以完全順著聖靈的引導。但兩方面相持不下的狀態下，靈性的低潮，情緒的紊亂就可想而知了。 怎樣跳出這個漩渦呢？

加拉太 5：16 節“你們當順著聖靈而行，就不放縱肉體的情慾了！”在這裡請注意你們兩個字，我們可以用你字來說，比較親切一些。事實上你裡面有感情，情緒，你不是感情，你不是情緒，情緒感情是屬於你的。情慾也在你裡面，但你不是情慾，聖靈在你裡面，你不是聖靈，不要將翻騰的情慾風浪，當作你自己。在此你要客觀，你要超越情緒，你要客觀的看自己，和自己的情緒，用更合乎聖經的話說就是，你求聖靈光照你。像詩人所祈禱的，神啊，求你鑒察我，知道我的心思，試煉我，知道我的意念，看在我裡面有什麼惡行沒有，引導我走永生的道路。” 在這時你要完全投降，一無自己的主見，願意捨棄自己所喜好的，預備背自己的十字架。換句話說，將最親愛的以撒放在祭壇上，然後會聽見神的聲音。

但在此情緒紊亂中，不要怪主耶穌在睡覺不顧你，主睡覺的那隻船，會沉沒嗎？主會淹死嗎？主會讓你一同淹死嗎？這樣的埋怨，都是出於沒有信心! 你的埋怨和恐懼都是你沒有信心的表現。你不但不要恐懼埋怨，反而要彼此勸慰說“主在船上，船是不會翻的。主在安心睡覺，表示絕對沒有危險，祂一定會行奇蹟，救我們脫離危險的。這時侯，你當讚美主，在波浪未平之前，相信祂的慈愛，大能，恩惠，護佑，而提前讚美祂，這就是在患難中讚美神的意思。

五、約伯的缺點

約伯記中，撒旦兩次在神面前控告他。第一次，約伯只是失去財產兒女，他還能說”約伯 1：21 節“賞賜的是耶和華，收取的也是耶和華，耶和華的名是應當稱頌的。撒旦第二次控告約伯以後，約伯身上生長毒瘤，妻子埋怨他，妻子譏諷責備他，他卻沒有像第一次那樣讚美神，反而以自己為義，而不以神為義。在信徒的經驗中，往往在某些苦難中，還可以讚美神，另外在一些事上，就忍受不住，俗語所說：“存不住氣了”。

約伯記一書充滿了約伯受苦時的情緒，好像大海翻騰一樣，雖然他的情緒中，參雜了神學和哲學的問題， 未始不是為了後世教會的益處。但約伯本人若是在兩次大難臨頭的時候，他能讚美，也就會安全度過危險了。在鬧情緒的時候，大部分與得失心和患得患失有密切關系，齊克果以人的憂愁為他哲學的出發點，弗洛伊德以患得患失為病態心理，危害安全的信息。得失心最多的表現，在名利、財富、事業、夫妻、兒女，男女戀愛的人生經歷中。我有位相識朋友，為了投資黃金失敗而自殺，又有好幾位朋友在中日戰爭丟失了財產而精神錯亂。

有些姊妹因離婚而精神衰弱，有的父母因死了兒女，終其是精神頹廢，因愛成病，這樣例子多不勝舉，在信主的弟兄姊妹中，也在所難免。 財富，事業、身外之物、神賜、神取，是該讚美的，若是這些名利、富貴、當事人已經奉獻給神了，神一旦取去，有什麼可憂傷的地方呢？男女相愛的事，第一方面:很愛，第二方面: 若是神的旨意，雙方會都知道是神的引導，若是有一方面不同意，這就証明不是神的旨意了。既然對方不是神的旨意，第一方面得不著，他或她失望固然有之，傷感到不吃不喝有什麼意義呢？是用傷感感動對方呢？是向神示威呢？若是雙方都抱著是神的旨意跑不掉，不是神的旨意要他 (或她)做什麼？不是解決了嗎？我們在財富、地位、事業、愛情的大海上，有了風波，只要交給主耶穌，就可以風平浪靜，很快的就可以達到對岸了。

六、平靜風浪的能力

靈命的安息，精神的平靜在乎交託主，順服主，讚美主，讓主平息人心中的情緒風浪，不是人為的，自我努力的。但是人總是軟弱的，常常會用人的方法來處理。譬如說：用拳頭捶捶牆來出氣，回家向太太兒女發脾氣，將有關的對方大罵一陣，與同情者促膝長談，或者暫時忍氣，決心將來報仇，或者逢人便說破壞對方名譽，也有人花錢向心理學家求救，更多人埋在心裡，終日悶悶不樂，眉頭不展。但我們也得承認情緒的平穩，用人為的方法，也是可以得到的。譬如緊張的情緒，從服鎮定藥品，可以鬆弛，出外旅遊一趟，可以心神煥然一新。將情感轉移到另一種對象，也可以將情緒昇華到新而高的理想。但這些人為的方法，雖有些效果，但不是徹底的解決辦法。這一切辦法，都是治標不治本的辦法。

現在讓我們在解釋一下，弗洛伊德 1856-1939，雖然是個反宗教的心理學家，但對基督徒的性惡教義確有一些貢獻，雖然不是完全的。我們上面已經說過，他認為情感受壓制而轉入潛意識後，常常在背後支配意識中的生活。暫時解決當時的風暴，不久又會重新出現的。 心理學還有所謂性向，{性癖}的。這是指著某種精神活動容易生發之狀態，並且過去所發生的感情作用容易影響未來的感情作用。性向的英文是 Disposition 通常釋為性情，脾氣。一個人的情緒風浪，與他的脾氣，習性有關，他是平息一時的情緒風暴，不是長久之計。

聖經更進一步有人類天性墮落之教義，在人裡面有罪的存在。羅 8：15-20 節 聖經又有肉體這個名詞，這是指著自我為中心，傾向犯罪，反對神的。整個的人說的“邪情私慾都出自肉體。肉體又稱為情慾，這個情慾是掌握行動，使用人的感情和情緒的。所以要有平穩的精神，必須先對付肉體，這是斬草除根的辦法。這個辦法，神早藉著耶穌基督為我們成就了。

主耶穌受死是叫我們得救。我們藉著信祂，就與祂的死，祂的復活有份，這就是與祂同死同復活，同死就是我們向罪死了，我們的肉體和肉體的邪情私慾就同釘十架了。因此我們向著罪也當看自己是死的，我們與主復活的形狀聯合，就有了新的生命，因此向神在耶穌基督裡，卻當看自己是活的，所以不要容罪在我們必死的身上作主，使你們順從身體的私慾。（羅馬書 6-8 章）

私慾就是操縱發動我們的情緒趨向罪惡的內在動力，新生命是操縱發動情緒向神的內在動力，神在基督裡預備好了我們得著情緒安息的途徑，是人為所做不到的。人有情緒的波動時，可以用人的方法平穩一下，但要消除性向，性癖，情意綜，潛意識的活動，就不容易了。佛教此謂老病死苦，是指生老病死在人情緒上所發生苦惱，他們以痛苦出於妄念，才去修心養性，除去妄念而後脫離苦難。基督的救恩一方面解脫情緒，脫離情慾的捆綁，又一方面求聖靈發動情緒積極的活動，以榮耀神，這又是”人為的””神為的”不同的地方。基督教心理輔導學方面，在我個人讀書範圍內，很少讀到心理輔導與羅馬書第六，七，八三章的道理打成一片。若是有，我就真感謝主了。心理輔導而不與救恩連在一起，豈不是人為的嗎？所以，以心理學為主，以聖經為輔的心理輔導學，應進而改為以救恩為主的心理學輔導才對。總之，精神平穩，是件屬靈的問題，還需屬靈的解決。

七、靠主凡事都能做

若有人問，聖經是如何說，但做起來談何容易？我們的回答是：門徒自我掙扎，沒有成就，以為喪命在即，這才向主耶穌求救，他們的言詞中，有怪主不顧他們的氣，但他們求了，主就斥責風和海。不靠自己，只靠耶穌，就可以平息情緒的風浪。但有一點是當注意的。保羅說“你們要靠主常常喜樂，我再說，你們要喜樂！當叫眾人知道你們謙讓的心，主已經近了，應當一無掛慮，只要凡事藉著禱告、祈求和感謝，將你們所要的告訴神。 神所賜出人意外的平安，必在基督耶穌裡保守你們的心懷意念。”

“我靠主大大地喜樂，因為你們思念我的心如今又發生；你們向來就思念我，只是沒得機會。 我並不是因缺乏說這話，我無論在什麼景況都可以知足，這是我已經學會了。 我知道怎樣處卑賤，也知道怎樣處豐富，或飽足或飢餓，或有餘或缺乏，隨事隨在，我都得了秘訣。我靠著那加給我力量的，凡事都能做。”

以上是保羅在腓力比書第四章說的，他是有出人意外的平安，保守他的心懷意念，他隨處隨在得了秘訣，靠著主凡事都能做。但不要忘記保羅在平時有什麼樣的靈性，才能達到這個地步。

在腓立比書第一章裡他說，我活著就是基督，死了就有益處，無論是生是死，總叫基督在我身上照常顯大。第二章他說

“你們當以基督耶穌的心為心。他本有神的形象，不以自己與神同等為強奪的，反倒虛己，取了奴僕的形象，成為人的樣式；既有人的樣子，就自己卑微，存心順服以至於死，且死在十字架上。 第三章他說：我也將萬事當作糞土，為要得著基督。”他以基督為生活的目的，以基督的死為榜樣，以丟棄萬事，得著基督，這樣深刻的靈性，才能有出人意外的平安，有凡事都能做的能力。 這就是說，要平靜情緒的風浪，必須具有保羅在腓力比書裡所說的靈性。

八、風浪是神吩咐的

詩篇 107：23-25 節說: 在情緒的大海上行船的人，會看見上帝的作為，他一吩咐狂風就起，海中的波浪也揚起，所以我們可以說，風狂浪揚是神所故意吩咐的。為什麼原故呢?

1.為了要人看見祂的作為和奇事

2.為了叫人認識自己無能為力

3.為了叫人顯出他們慌張的窘態

4.為了叫人在無法之中哀求神

5.為了要人尊崇他，對他更有信心

我們若是還未進入同死同活的真理，我們若沒有保羅的靈程，若是我們的小船偏偏遇到了情緒的風浪，我們怎樣做呢？我們應該超越情緒的問題之上，不將情緒當作自己而是自己在聖靈的光照之中，認識問題的所在，停止自己的爭扎，人為的解決辦法，來到主耶穌面前，求告祂的名，說：“主啊！我要喪命了，求你顧念我，為我斥責情緒的風浪，讓我進入去享受你的安息。阿門！”

Eternity
永 恆
Circa 1988

約翰福音 3 章 16 節

神愛世人，甚至將他的獨生子賜給他們，叫一切信他的，不至滅亡，反得永生。約翰福音 1 章 4 節 生命在他裡頭，這生命就是人的光。

約翰福音 17 章 3 節

認識你獨一的真神，並且認識你所差來的耶穌基督，這就是永生。

何謂永生？有人認為永生是長生不老，有人認為是靈魂不滅，有人認為是繁衍子孫代代相傳，聖經卻告訴我們，認識耶穌就是永生。生命是在主耶穌的裡頭。什麼是永生，是永遠的生命呢？有人說永遠是無限的過去和未來，有人說永遠是身體、靈魂、復活的身體年復一年永遠存在。

當我個人開始信主，讀聖經之後，我就開始思想“永恆”方面的事，讓我這樣說，時間 time 是體積的延長，空間是體積的成長，時間與空間原是不可分的，但是他們都與物理宇宙的物質有關。創世紀一章一節說：“起初，神創造天地。”所以物質宇宙是上帝在某一個時期造出來的，起初，是時間的開始，所以，神的創造即是時間與空間的開始。那麼，在創世紀一章一節以前有沒有時空呢？如果我們信神是無中生有的神，必然信在時間空間之前，已經有了上帝，而上帝的所在就是所謂的“永恆”。

上帝是永活的神，三位一體的神，祂不在時空之中，但我們活在這個有形的世界，有限的時空中，我們的認識極為有限，對時空之外的世界所知甚少。故我們不能用時空、有限的標準去判斷上帝的存在與否。我們的標準是暫時的，天地將要過去，宇宙有始也有終，世界完結之後，上帝在哪裡呢？他是永恆。只有不信神的人會相信宇宙永遠存在。

聖經中講永恆的意義，但並沒有用永恆這個詞。上帝在天，究竟是指世界的天，物質的天，或是屬靈的天呢？上帝不在有形的宇宙內，祂不受限制，是全能的神，而人類活在這有形的世界中，受到許多的限制。聖經說“信子的人得永生。”永生即永恆的生命，而非我們的物質生命。我們雖活在有限的時空裡中，但我們相信耶穌，即可得著那永恆永遠的生命。在耶穌基督裡得到這樣一個生命才是真正的基督徒。而這生命不是情慾所生，從神而生。並且我們也因著這個生命在心裡頭，就可以活出一個像神一樣的生命來。

歌羅西書三章四節說：“基督是我們的生命。”故我們的生命是與主永恆的生命聯合的，將來有一天離開了世界，我們是與上帝同在，因為這生命是上帝的生命。

我信有天堂和地獄，當我們講天堂時，天堂是我在永恆裡與上帝聯合的所在。“認識獨一的真神，並且認識你所差來的耶穌基督，這就是永生”。那就是說，當我們有份於神的生命，身體雖然死了，卻得著永遠的生命。地獄是永遠與上帝的分開，沒有份與上帝的生命，不信上帝的人永遠不能到上帝那裡去，他要去到他該去的地方，永遠與神分離，是痛苦的地方，故“信”與“不信”就決定了永恆的事。

我們傳福音，是傳生命的道理，不是勸人為善，將功補過，今生得平安、得快樂而已，乃是要人有份於永恆的生命。原本上帝所在的永恆與我們有限的時空是兩個世界，無法相連的。但是當我們因信稱義時，即可以與神在靈裡有交通，更重要的是，上帝永恆的生命就成為我們的生命，我們與上帝的生命就有份，就有了關係。

有哲學家認為“道成肉身”是耶穌基督自永恆裡進入了我們有限的時空裡，原來上帝在天上，與人沒有生命的關係，但是他的兒子成了肉身，來到世上，變成天人合一，即上帝來到了人間了。 當我們接受耶穌作主的時候，我們外面是有限的時空，但是裡面卻得著了永恆的生命，這樣我們與上帝就聯合了起來。

就在生活上來講永生，生命不只與經驗有關，也與每天的生活有關。我們帶著不同的生活問題和需要，我們渴望主為我們解決，當然，主是要為我們解決各樣的問題，但是更重要的是主耶穌永恆的生命要住在我們裡面，這也是基督教與其他宗教不同之處。福音不只是講平安、喜樂、解決問題，重要的是要我們得著那永恆的生命。

讓我們再思想約翰福音三章十六節：“神愛世人，甚至將他的獨生子賜給他們，叫一切信他的，不致滅亡，反得永生。”這裡面有四個重要的動詞“愛“賜” “信” “得”上帝因“愛”

而“賜”，我們因“信”而“得”。上帝愛我們，所以賜下他的獨生子，我們因信而得到了永遠的生命。我們所得的，就是神所賜的，也就是耶穌基督自己。這是福音的中心——神就是愛，賜下獨生子給信他的人。信的人因著信，得著耶穌基督的生命在他裡頭。得著了耶穌，就得著了生命。

所以我們能像加拉太書二章二十節那樣說：“現在活著的，不再是我，乃是基督在我裡面活著。”這一段的標題，有人寫了是“住在你心裡面的耶穌，活出外面來”，這也是我們信主，接待主以後，得勝，成聖，靈性在上面建造的根基；我們因信，而得著永恆的生命，也能夠把這生命表現在生活中。

當我們重生，接受主，就得著那永恆的生命；也叫我們這個受時空限制的人，得以與那無時無空的永生神發生關係。所以保羅說：我與基督一同坐在天上。又說無論是生，是死，總要基督在我身上照常顯大。所以，死亡是從一個有時有空的物質世界進入一個無時無空的上帝永恆世界裡。

所以“永恆”是上帝未造天地之前，也是天地完全毀壞的以後，也是在現在物質世界之上的“天上”，是另一個世界，是上帝的居所，那裡有天使，聖徒，有神的榮耀，三位一體的神在那裡那是永恆的世界。我們信主的人，有份於那一個世界，所以我們是超越時空的，同時我們又在這個世界裡。

一些不信主的人輕看時空，認為人生是苦海，要脫離世界，佛教認為人要走向涅槃，那是個沒有上帝的永恆。我們信上帝的人，是要往有上帝的永恆那裡去，我們在永恆裡，今天我們活在世上，乃是上帝對人的旨意，我們要活著多做工，如同耶穌完成差他來的旨意。

因此，死亡究竟可怕與否呢？若是我們真相信上帝在永恆裡，我們也要往永恆那裡去，許多先我們而去的人已經在那裡，死亡就不再可怕了！讓我們活著多作主工，有一天被接到永恆裡去。假如我們只願今生得名利、地位、房產、工作、金錢、汽車、將來在永恆裡回想我們活著的年日，為的是這一些有限的事物，那是多麼的沒有價值與意義啊！

所以，現在就是悔改的時候，是上帝悅納的時候，是我們完全奉獻的時候，現在也是我們接受主耶穌的生命進入我們裡面的時候。

趙君影博士傳略

(1906-1996)

「他按神的旨意服事了他那一代的人就睡了。」(徒十三：36)

趙君影博士一生過著一個與他信仰一致的人生。中華歸主協會的信仰聲明是這種堅定信仰最好的明證:「聖經是神完全的默示，是我們信仰最高的標準。」中華歸主神學院是趙博士所創辦、所帶領的，以確保訓練出來的未來中國基督教的領袖們都忠於聖經無誤論，以及得救唯一的途徑是因著神的恩、也因著相信耶穌基督為我們的救主。

趙博士對福音的獻身是從他刻苦的童年和青年時期開始的。在這一切艱難中，他的態度始終是順服基督的命令：「背起你的十字架來跟從我。」他六歲時坐在行將去世的慈母床邊，母親勉勵他說：「答應我要做個好人。」他的父親隨即把他送進一所教會學校，由他自己照顧自己。後來在大學時期曾糾結於不可知論和現代主義的思想。隨後因感染肺病而又無錢就醫，趙博士必須面對和信仰有關的種種事情。他博覽奧古斯丁和托爾斯泰等人著作，而形成他對基督信仰的看法。他在一鄉村的佈道會中悔改並獻身於主耶穌。一九三四年四月二十一日與張性初小姐結婚，兩人同心事主達六十二年。

當他被詢問事奉最大的目的時，他說：「我一生最大的成就就是遵行神的旨意，服事了我這一代的人」。他經歷中國政治上幾次主要變動。於一九 O 六年三月十五日（仍是清廷的時代）生於湖北。一九四一年至一九四九年國民政府時期他在中國大陸從事學生工作，組織了全國基督徒大學生聯合會、千萬中國學生藉此運動被帶領信主，其中許多人後來成了中國地下教會的領導者。趙博士始終堅定反對共產主義，堅決地認為他們是反對神的。中共佔據大陸後，在一九四九年離開大陸，一九五二年至五六年期間創立了幾個事工。他是新加坡神學院的創辦人兼代理院長、也是馬尼拉青年福音中心的創辦人兼總幹事，五十歲時偕家人遷居美國，三年之後於一九五九年八月創立了中華歸主協會。藉學生中心的工作，成千上萬的學生被引領歸主。後來洛杉磯、柏克萊、聖荷西、海渥、芝加哥、及紐約的中華歸主教會相繼成立。一九八六年趙博士以八十歲高齡創辦了中華歸主神學院，為中國教會訓練華人基督教的領袖。趙博士被認為是中國基督教教會的前輩，藉著他的遠見和神給他的異象，為現代教會的需要而效力。

趙博士在許多寫作裡闡述了他對基督的展望。他的著作包括:漫談五十年來中國的教會政治、我的宗教經驗、中國古代的上帝信仰、西洋古代哲學家的上帝信仰、西洋近代哲學家的上帝信仰、西洋現代哲學家的上帝信仰及其他。這些書籍在遠東的許多聖經神學院被採用作課本。

趙博士經常展望未來，他不祇對未來寄於期望，而且採取行動設定未來。他認為中國基督教不祇是個人的安慰，而且是神完全的啟導。對他而言，神引導著整個人類的歷史和經歷其中，他常說「時候滿足了，神必統治普世。」

除了趙博士的許多書籍和著作外，他還傳遞了巨大的屬靈遺產: 他和心愛的妻子趙張性初博士有八位子女，在趙博士死後留下了二十八位孫兒女和八位曾孫，所有人都在趙博士堅強之毅力及豐富的屬靈遺產中成長。趙君影博士回天家後，趙師母及同工們繼續為中華歸主協會、神學院的使命努力工作，兩年後，趙師母也於一九九八年三月十五日回天家，隨即指派他的兒子趙企明博士和大女兒黃趙企晨博士接續中華歸主協會及神學院的工作。2017 年趙君影博士的第一本講道集即將出版，感謝神的恩典中華歸主已走過了那難以置信的五十八週年，求神繼續引領中華歸主的一切事工，感謝讚美主，願將一切榮耀歸給神!

趙君影牧師著作

Dr. Calvin Chao's Writings

1. 培靈講義 1949
2. 認識時代 1971-1972
3. 漫談五十年來中國的教會與政治 1981
4. 我的宗教經驗 1982
5. 西洋現代哲學家的上帝信仰（上）1983
6. 西洋現代哲學家的上帝信仰（下）1989
7. 西洋古代哲學家的上帝信仰 1983
8. 西洋近代哲學家的上帝信仰 1983
9. 心和歌集 1999
10. 聖經無錯誤文集 1994

知識的開端 --廣播節目講稿文集

1.大學之道 1960-1961
2. 中國古代的上帝信仰 1975
3. 科學家的上帝信仰 1976

君影文選 小冊子

1. 如何面對人生--基督教的人生觀、宇宙觀、政治觀 1972
2. 總統蔣介石是基督徒 1972
3. 致大陸女青年潘曉的一封信 1980
4. 我找到了絕對 1982
5. 扭歪了理智 1982
6. 葛理翰的一語風波 1982
7. 受苦的哲學 1983
8. 宗教經驗簡論 1983
9. 關懷評論 1975-1980

其它數百篇的中、英文文章刊登在各報紙中，如福音報、 基督教遠景雜誌、歸主觀察報等，不在此一一列舉。

www.ingramcontent.com/pod-product-compliance
Lightning Source LLC
Chambersburg PA
CBHW031316040426
42443CB00005B/99

9780998254272